ハッピー
保育books⑥

0〜5歳児担任必携本!!

ケガ&病気の予防・救急マニュアル

鈴木　洋・鈴木みゆき／監修
永井　裕美／著

＊監修の言葉＊

子どもの命・健康を守ることは、保育者の大切なしごとです。この本をいつでも使えるように、手もとに置いておきましょう。

鈴木　洋・鈴木みゆき

ひかりのくに

本書の特長と使い方

園でのケガや病気は、保護者にとってほんとうに心配なことです。「わたしのクラスでは予防対策をしっかりしていますよ」と言える保育者は、保護者からも信頼されるでしょう。

◉心強い2部構成!

本書では、保護者の信頼につながる予防マニュアルと、いざというときに慌てないための救急マニュアルを1冊にまとめました。

さあ、今すぐあなたのクラスをチェックし、実践していきましょう!!

特長&使い方 1 予防マニュアル

◉保護者の安心・信頼が得られる、予防策(Ⅰ～Ⅳ)がたっぷり!

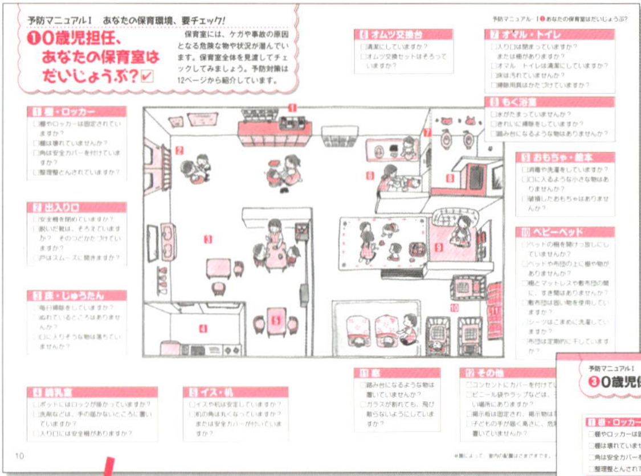

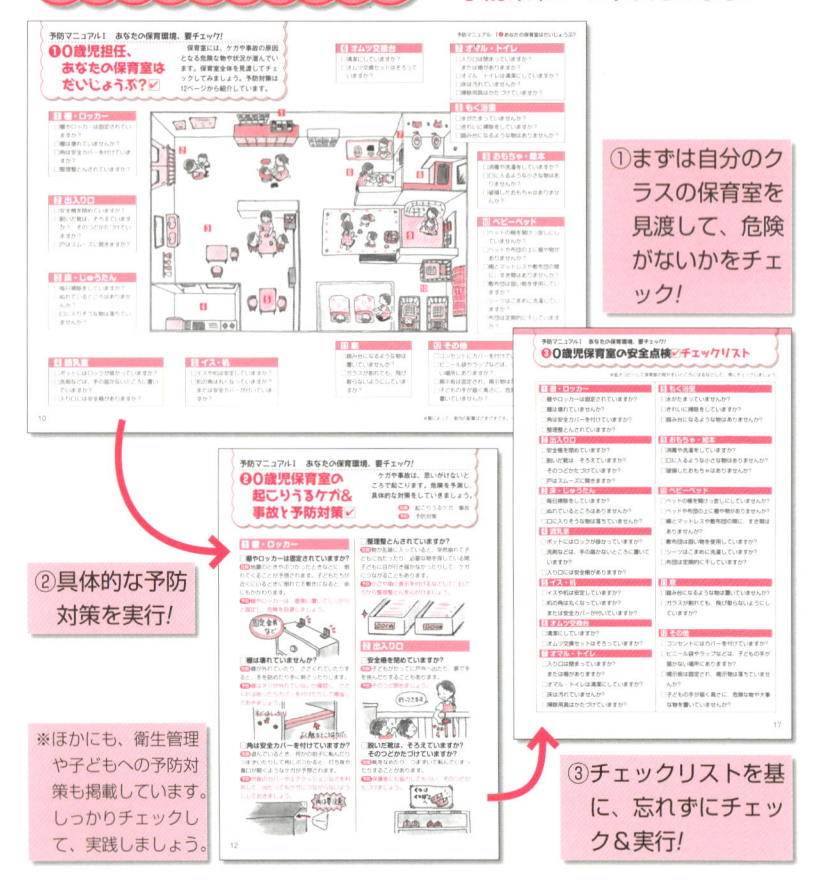

①まずは自分のクラスの保育室を見渡して、危険がないかをチェック!

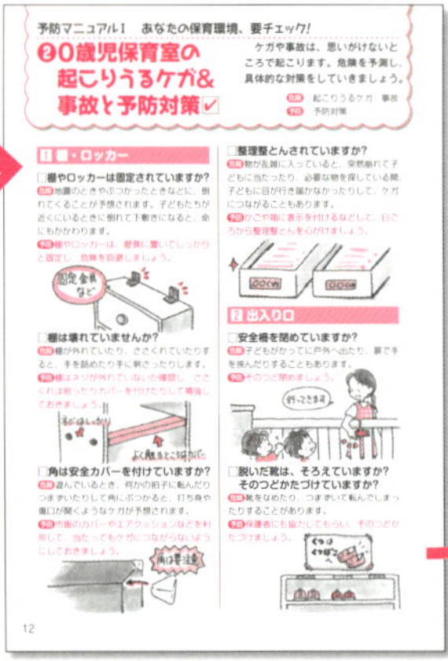

②具体的な予防対策を実行!

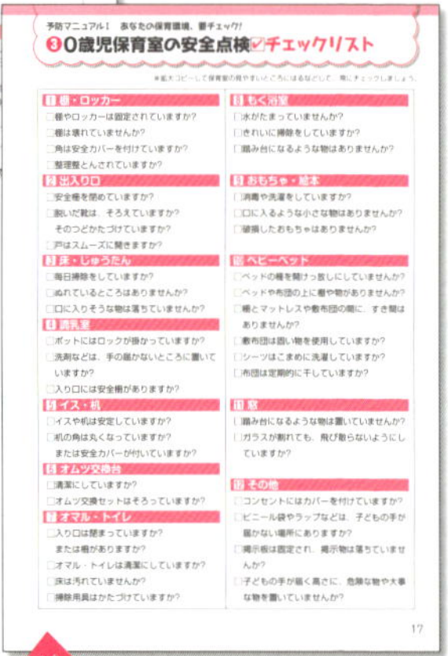

※ほかにも、衛生管理や子どもへの予防対策も掲載しています。しっかりチェックして、実践しましょう。

③チェックリストを基に、忘れずにチェック&実行!

特長&使い方 2 救急マニュアル

●ケガをしたとき、病気の症状が出たときは、すばやい対応を!

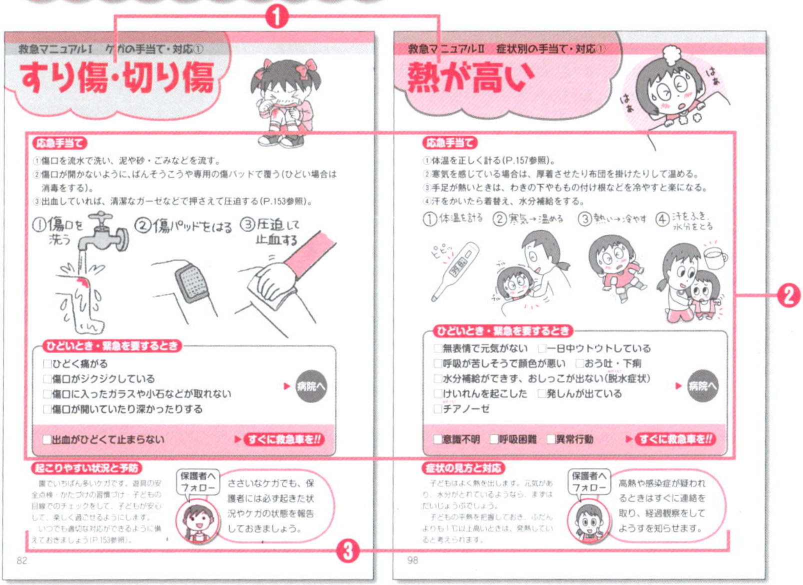
救急マニュアルⅠ　ケガの手当て・対応①
すり傷・切り傷
応急手当て
①傷口を流水で洗い、泥や砂・ごみなどを流す。
②傷口が開かないように、ばんそうこうや専用の傷パッドで覆う(ひどい場合は消毒をする)。
③出血していれば、清潔なガーゼなどで押さえて圧迫する(P.153参照)。
①傷口を洗う
②傷パッドをはる
③圧迫して止血する
ひどいとき・緊急を要するとき
□ひどく痛がる
□傷口がジクジクしている
□傷口に入ったガラスや小石などが取れない
□傷口が開いていたり深かったりする
病院へ
□出血がひどくて止まらない
すぐに救急車を!!
起こりやすい状況と予防
園でいちばん多いケガです。遊具の安全点検・かたづけの習慣づけ・子どもの目線でのチェックをして、子どもが安心して、楽しく過ごせるようにします。
いつでも適切な対応ができるように備えておきましょう(P.153参照)。
保護者へフォロー
ささいなケガでも、保護者には必ず起きた状況やケガの状態を報告しておきましょう。
82
救急マニュアルⅡ　症状別の手当て・対応①
熱が高い
はぁ
はぁ
応急手当て
①体温を正しく計る(P.157参照)。
②寒気を感じている場合は、厚着させたり布団を掛けたりして温める。
③手足が熱いときは、わきの下やももの付け根などを冷やすと楽になる。
④汗をかいたら着替え、水分補給をする。
①体温を計る
②寒気→温める
③熱い→冷やす
④汗をふき、水分をとる
ピピッ
ひどいとき・緊急を要するとき
□無表情で元気がない　□一日中ウトウトしている
□呼吸が苦しそうで顔色が悪い　□おう吐・下痢
□水分補給ができず、おしっこが出ない(脱水症状)
□けいれんを起こした　□発しんが出ている
□チアノーゼ
病院へ
□意識不明　□呼吸困難　□異常行動
すぐに救急車を!!
症状の見方と対応
子どもはよく熱を出します。元気があり、水分がとれているようなら、まずはだいじょうぶでしょう。
子どもの平熱を把握しておき、ふだんよりも1℃以上高いときは、発熱していると考えられます。
保護者へフォロー
高熱や感染症が疑われるときはすぐに連絡を取り、経過観察をしてようすを知らせます。
98
1
2
3

❶園で起こりうるケガや病気・症状をピックアップ。

❷応急手当ての方法や、緊急を要するときの症状の目安。

❸ケガが起こる状況とその予防策、症状の見方と対応策、保護者へフォローするときのポイントなど。

●感染症やその他の病気への対策も掲載!

救急マニュアルⅢ　第二種感染症の症状・対応①
インフルエンザ
鳥インフルエンザ(H5N1)および新型インフルエンザなどの感染症を除く
潜伏期間 1～2日
出席停止期間 解熱後2日を経過するまで。
【主な症状】
●突然高熱が出る。
●全身倦怠感・筋肉や関節の痛みがあり、食欲不振。
●咽頭痛・せき・くしゃみ・鼻水・おう吐・下痢・腹痛などもある。
●2～3日で熱が下がっても、全身症状は1週間くらい続く。
※合併症…肺炎、中耳炎、脳症
高熱
予防・対応
保護者へアドバイス
●水分補給をしっかり行ない、暖かくして休ませましょう。
●室内の温度と湿度を適温にして、換気も行ないましょう。
●栄養バランスが良く、食べやすい食べ物を与えましょう。
110

救急マニュアルⅣ　その他の病気の症状・対応①
アトピー性皮膚炎
【主な症状】
乳児の場合
幼児の場合
ポリ
ポリ
首の周り
耳切れ
ひじの内側
ひざの裏
予防・対応・保護者へのアドバイス
132

※ほかにも、食中毒の種類・症状・予防一覧表、感染症一覧表、動物由来感染症一覧表、予防接種一覧表、食物アレルギーを起こしやすい食材一覧表、プール○×一覧表など、役だつ情報が満載です。

ケガ&病気の予防・救急マニュアル

CONTENTS

マスクも付けたかな？
はい！

ば・い・き・ん・さ・ん・は・さ・よ・う・な・ら～
ガラガラガラガラ

救急マニュアルⅠ

ケガの手当て・対応

救急マニュアルⅡ

症状別の手当て・対応

救急マニュアルⅢ

感染症の症状・対応

第二種感染症の症状・対応

第三種感染症の症状・対応

ポリ ポリ
ポリ ポリ

救急です!

…
背中のケガどうしたの?

ケガ・病気早引き50音索引

予防マニュアルⅠ

あなたの保育環境、要チェック!

❶0歳児担任、あなたの保育室はだいじょうぶ?☑

保育室には、ケガや事故の原因となる危険な物や状況が潜んでいます。保育室全体を見渡してチェックしてみましょう。予防対策は12ページから紹介しています。

1 棚・ロッカー

- □棚やロッカーは固定されていますか?
- □棚は壊れていませんか?
- □角は安全カバーを付けていますか?
- □整理整とんされていますか?

2 出入り口

- □安全柵を閉めていますか?
- □脱いだ靴は、そろえていますか?　そのつどかたづけていますか?
- □戸はスムーズに開きますか?

3 床・じゅうたん

- □毎日掃除をしていますか?
- □ぬれているところはありませんか?
- □口に入りそうな物は落ちていませんか?

4 調乳室

- □ポットにはロックが掛かっていますか?
- □洗剤などは、手の届かないところに置いていますか?
- □入り口には安全柵がありますか?

5 イス・机

- □イスや机は安定していますか?
- □机の角は丸くなっていますか?　または安全カバーが付いていますか?

6 オムツ交換台

□清潔にしていますか？
□オムツ交換セットはそろっていますか？

7 オマル・トイレ

□入り口は閉まっていますか？または柵がありますか？
□オマル・トイレは清潔にしていますか？
□床は汚れていませんか？
□掃除用具はかたづけていますか？

8 もく浴室

□水がたまっていませんか？
□きれいに掃除をしていますか？
□踏み台になるような物はありませんか？

9 おもちゃ・絵本

□消毒や洗濯をしていますか？
□口に入るような小さな物はありませんか？
□破損したおもちゃはありませんか？

10 ベビーベッド

□ベッドの柵を開けっ放しにしていませんか？
□ベッドや布団の上に棚や物がありませんか？
□柵とマットレスや敷布団の間に、すき間はありませんか？
□敷布団は固い物を使用していますか？
□シーツはこまめに洗濯していますか？
□布団は定期的に干していますか？

11 窓

□踏み台になるような物は置いていませんか？
□ガラスが割れても、飛び散らないようにしていますか？

12 その他

□コンセントにカバーを付けていますか？
□ビニール袋やラップなどは、子どもの手が届かない場所にありますか？
□掲示板は固定され、掲示物は落ちていませんか？
□子どもの手が届く高さに、危険な物や大事な物を置いていませんか？

※園によって、室内の配置はさまざまです。一例としてご覧ください。

❷0歳児保育室の起こりうるケガ&事故と予防対策☑

ケガや事故は、思いがけないところで起こります。危険を予測し、具体的な対策をしていきましょう。

危険…起こりうるケガ・事故
予防…予防対策

1 棚・ロッカー

□棚やロッカーは固定されていますか?

危険 地震のときやぶつかったときなどに、倒れてくることが予想されます。子どもたちが近くにいるときに倒れて下敷きになると、命にもかかわります。

予防 棚やロッカーは、壁側に置いてしっかりと固定し、危険を回避しましょう。

□棚は壊れていませんか?

危険 棚が外れていたり、ささくれていたりすると、手を詰めたり手に刺さったりします。

予防 棚はネジが外れていないか確認し、ささくれは削ったりカバーを付けたりして補強しておきましょう。

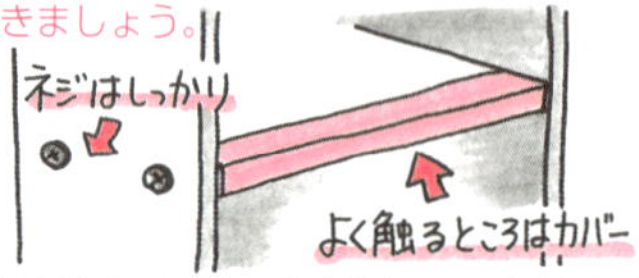

□角は安全カバーを付けていますか?

危険 遊んでいるとき、何かの拍子に転んだりつまずいたりして角にぶつかると、打ち身や傷口が開くようなケガが予想されます。

予防 市販のカバーやエアクッションなどを利用して、当たってもケガにつながらないようにしておきましょう。

□整理整とんされていますか?

危険 物が乱雑に入っていると、突然崩れて子どもに当たったり、必要な物を探している間、子どもに目が行き届かなかったりして、ケガにつながることもあります。

予防 かごや箱に表示を付けるなどして、日ごろから整理整とんを心がけましょう。

2 出入り口

□安全柵を閉めていますか?

危険 子どもがかってに戸外へ出たり、扉で手を挟んだりすることもあります。

予防 そのつど閉めましょう。

□脱いだ靴は、そろえていますか? そのつどかたづけていますか?

危険 靴をなめたり、つまずいて転んでしまったりすることがあります。

予防 保護者にも協力してもらい、そのつどかたづけましょう。

□戸はスムーズに開きますか?

危険 締め切れずにすき間が空いていたり、軽くて滑りすぎたりすると、手を挟むなど、子どもだけでなく保育者もケガをします。

予防 敷居の摩擦を調節する器具を付けたり、場合によっては新しい戸に付け替えたりすることも検討しましょう。

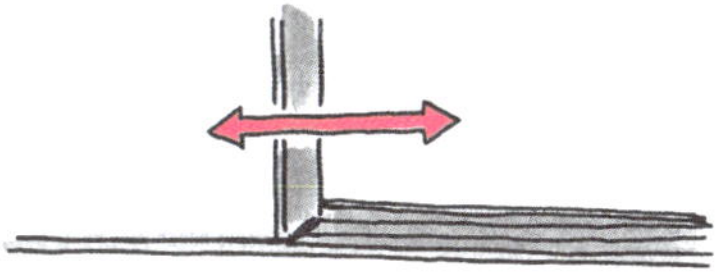

3 床・じゅうたん

□毎日掃除をしていますか?

危険 寝転んだりハイハイしたりする子どもにとって、床は顔にとても近い場所です。ほこりを吸ったり、湿しんが出たりします。

予防 毎日掃除して、きれいにしておきましょう。

□ぬれているところはありませんか?

危険 歩き始めの子どもやハイハイしている子どもが、滑って転んでしまいます。

予防 ぬれたらすぐにふきましょう。

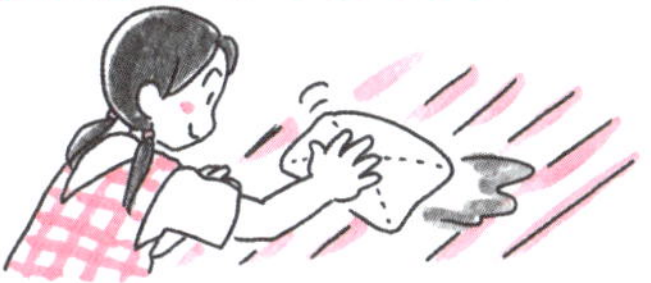

□口に入りそうな物は落ちていませんか?

危険 子どもたちは、なんでも口に入れます。床に落ちていると、誤飲の原因になります。

予防 落とさないよう十分に気を付けて、気づいたら後回しにせずに、すぐに拾いましょう。

4 調乳室

□ポットにはロックが掛かっていますか?

危険 子どもがかってにボタンを押して、熱いお湯が出てくると、やけどをします。

予防 ポットは手の届かない所に置き、必ずロックを確認しておきましょう。

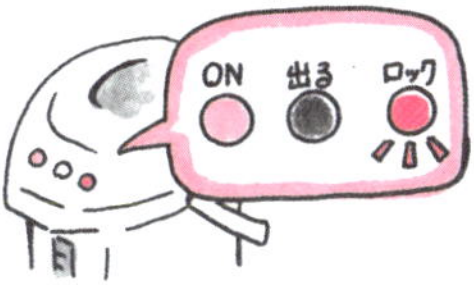

□洗剤などは、手の届かないところに置いていますか?

危険 誤飲の原因になります。

予防 使った後は、子どもの手が届かない安全な場所に置いておきましょう。

□入り口には安全柵がありますか?

危険 子どもがかってに入ると危険です。

予防 扉があれば必ず閉めておき、念のため柵も付けて、入室できないようにしましょう。

5 イス・机

□イスや机は安定していますか?

危険 イスや机ががたついていたり、安定が悪いと、イスごと転んだり机の上の物がひっくり返ったりして、ケガにつながります。

予防 必ず確認して使いましょう。

□机の角は丸くなっていますか? または安全カバーが付いていますか?

危険 角にぶつけて、切ったりはれたりします。

予防 角がある場合は、エアクッションやスポンジなどを付けて、当たっても痛くないようにしておきましょう。

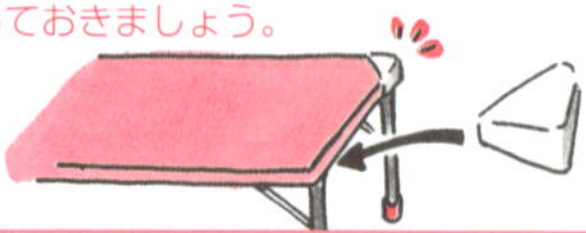

6 オムツ交換台

□清潔にしていますか?

危険 病気の感染が広がる原因にもなります。

予防 おしっこやうんちはきれいにふいて消毒し、いつも清潔を心がけておきましょう。

□オムツ交換セットはそろっていますか?

危険 オムツ交換を始めたものの、ふく物がなく、取りに行く間に子どもをほうっておくと、落下のおそれがあります。

予防 目を離さないためにも、いつもグッズはそろえておきましょう。

7 オマル・トイレ

□入り口は閉まっていますか? または柵がありますか?

危険 子どもがかってに入り、便器に顔を突っ込むことも考えられます。

予防 入り口の扉は閉めておき、柵がある場合は必ず柵をして、進入を阻止しましょう。

□オマル・トイレは清潔にしていますか?

危険 おもらしをすることも多く、病気の感染が広がる原因にもなります。

予防 常に掃除・消毒をして、清潔にしておきましょう。

□床は汚れていませんか?

危険 滑って転ぶと骨折の原因にもなります。

予防 ぬれたらすばやくふいておきましょう。

□掃除用具はかたづけていますか?

危険 ブラシやぞうきんをなめたりすると、菌が口の中に入り危険です。

予防 子どもの手が届かない場所に置きます。

8 もく浴室

□水がたまっていませんか?

危険 誤って落ちると、おぼれることが考えられます。

予防 使った後はお湯を抜いておきましょう。

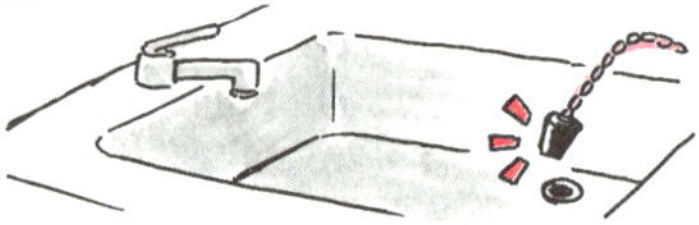

□きれいに掃除をしていますか?

危険 掃除せずに使っていると、菌がいっぱいたまっていき、病気の原因になります。

予防 使った後は、きれいに掃除をしておきましょう。

□**踏み台になるような物はありませんか?**

危険 踏み台を利用して、中に入って体をぶつけることも考えられます。

予防 周りに何も置かないようにしましょう。

9 おもちゃ・絵本

□**消毒や洗濯をしていますか?**

危険 子どもがなめたりしてよだれがいっぱいついているおもちゃには、菌が繁殖して、アレルギーや病気の原因になります。

予防 ふいておく、日光に当てる、消毒するなど、きれいにしておきましょう。

□**口に入るような小さな物はありませんか?**

危険 なんでも口に入れて確かめる子どもにとっては、誤飲の原因になります。

予防 小さな物が転がっていないか、誤飲チェッカーなどを用いて、よく確認しましょう。

□**破損したおもちゃはありませんか?**

危険 手や口を切ったり挟んだりします。

予防 可能なら修理をし、無理なものは処分しましょう。

10 ベビーベッド

□**ベッドの柵を開けっ放しにしていませんか?**

危険 寝ている子どもが寝返りをしたとき落ちてしまいます。

予防 柵は必ず上げておきましょう。

□**ベッドや布団の上に棚や物がありませんか?**

危険 子どもの顔の上に物が落ちてくると、ケガをしたり窒息の原因になったりします。

予防 ベッドの上には、棚や物を置かないようにしましょう。

□**柵とマットレスや敷布団の間に、すき間はありませんか?**

危険 子どもの顔がすき間にはまり込み、動けなくなって窒息したりするおそれがあります。

予防 マットの大きさや位置を、必ず確認しておきましょう。

□**敷布団は固い物を使用していますか?**

危険 柔らかい布団では、子どもの顔がうずくまり、鼻と口をふさいで窒息してしまうおそれがあります。

予防 固い敷布団を用意しましょう。

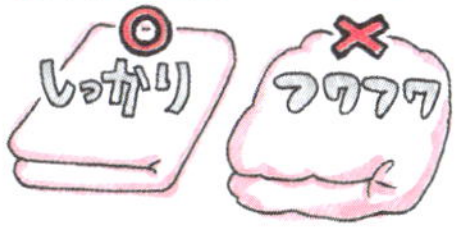

□シーツはこまめに洗濯していますか？

危険 ダニやほこり、子どもの汗やよだれなどがついて、アレルギーの原因にもなります。

予防 こまめに洗うようにしましょう。

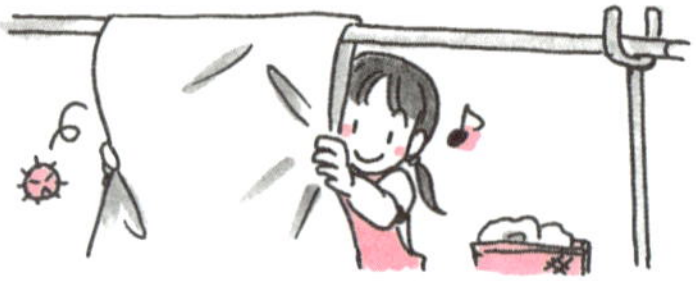

□布団は定期的に干していますか？

危険 布団の中には、ほこりがたまっていたり、ダニがいたりします。

予防 天気の良い日に干し、掃除機を掛けて清潔にしておきましょう。

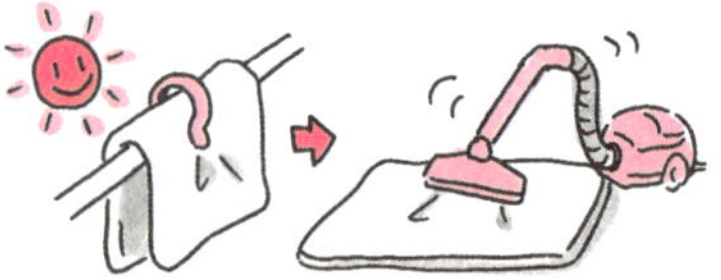

11 窓

□踏み台になるような物は置いていませんか？

危険 踏み台を利用してよじ登り、誤って窓から落下することもあります。

予防 窓のそばに置かないようにしましょう。

□ガラスが割れても、飛び散らないようにしていますか？

危険 おもちゃなどが窓に当たったとき、ガラスが割れて子どもに降りかかる危険が潜んでいます。

予防 窓ガラスにテープをはったり、防護フィルムをはったりしておきましょう。

12 その他

□コンセントにカバーを付けていますか？

危険 子どもが物を差し込むと、感電するおそれがあります。

予防 感電防止のためカバーを付け、間にほこりがたまらないように気を付けましょう。

□ビニール袋やラップなどは、子どもの手が届かない場所にありますか？

危険 袋をかぶったり口に当てたりして、窒息の原因になります。

予防 子どもの手が届くところには置かないようにし、家庭から持って来た袋も置きっ放しにしないよう、気を付けましょう。

□掲示板は固定され、掲示物は落ちていませんか？

危険 掲示板が落下して頭に当たったり、はってある物が落ちてきて、拾って飲み込んでしまったりと、いろいろ考えられます。

予防 掲示の場所や、はり方には、十分に気を付けましょう。

□子どもの手が届く高さに、危険な物や大事な物を置いていませんか？

危険 ハサミや鉛筆などは、子どもにとって凶器になります。

予防 大事な書類なども、置き場所には十分に気を付けましょう。

③0歳児保育室の安全点検☑チェックリスト

※拡大コピーして保育室の見やすいところにはるなどして、常にチェックしましょう。

1 棚・ロッカー

□棚やロッカーは固定されていますか?
□棚は壊れていませんか?
□角は安全カバーを付けていますか?
□整理整とんされていますか?

2 出入り口

□安全柵を閉めていますか?
□脱いだ靴は、そろえていますか?
そのつどかたづけていますか?
□戸はスムーズに開きますか?

3 床・じゅうたん

□毎日掃除をしていますか?
□ぬれているところはありませんか?
□口に入りそうな物は落ちていませんか?

4 調乳室

□ポットにはロックが掛かっていますか?
□洗剤などは、手の届かないところに置いていますか?
□入り口には安全柵がありますか?

5 イス・机

□イスや机は安定していますか?
□机の角は丸くなっていますか?
または安全カバーが付いていますか?

6 オムツ交換台

□清潔にしていますか?
□オムツ交換セットはそろっていますか?

7 オマル・トイレ

□入り口は閉まっていますか?
または柵がありますか?
□オマル・トイレは清潔にしていますか?
□床は汚れていませんか?
□掃除用具はかたづけていますか?

8 もく浴室

□水がたまっていませんか?
□きれいに掃除をしていますか?
□踏み台になるような物はありませんか?

9 おもちゃ・絵本

□消毒や洗濯をしていますか?
□口に入るような小さな物はありませんか?
□破損したおもちゃはありませんか?

10 ベビーベッド

□ベッドの柵を開けっ放しにしていませんか?
□ベッドや布団の上に棚や物がありませんか?
□柵とマットレスや敷布団の間に、すき間はありませんか?
□敷布団は固い物を使用していますか?
□シーツはこまめに洗濯していますか?
□布団は定期的に干していますか?

11 窓

□踏み台になるような物は置いていませんか?
□ガラスが割れても、飛び散らないようにしていますか?

12 その他

□コンセントにはカバーを付けていますか?
□ビニール袋やラップなどは、子どもの手が届かない場所にありますか?
□掲示板は固定され、掲示物は落ちていませんか?
□子どもの手が届く高さに、危険な物や大事な物を置いていませんか?

④1・2歳児担任、あなたの保育室はだいじょうぶ？☑

２歳を過ぎると動きも活発になり、いろいろなところに手を入れたり頭を突っ込んだりして、ケガが増えます。子どもが安心して遊べる保育環境をつくりましょう。

1 棚・ロッカー

□棚やロッカーは固定されていますか？
□棚は壊れていませんか？
□角は安全カバーを付けていますか？
□整理整とんされていますか？

2 出入り口

□出入り口に障害物はありませんか？
□戸はスムーズに開きますか？

3 床・じゅうたん

□毎日掃除をしていますか？
□ぬれているところはありませんか？
□口に入りそうな物は落ちていませんか？

4 イス・机

□イスや机は安定していますか？
□机の角は丸くなっていますか？
　または安全カバーが付いていますか？
□ネジが外れていませんか？

5 手洗い場

□汚れていませんか？
□洗剤が置きっ放しになっていませんか？

6 押し入れ

□週末には掃除をしていますか？
□布団はきれいに入れていますか？

7 オマル・トイレ

□入り口は閉まっていますか？
　柵がある場合は閉まっていますか？
□オマル・トイレは清潔にしていますか？
□床は汚れていませんか？
□掃除用具はかたづけていますか？

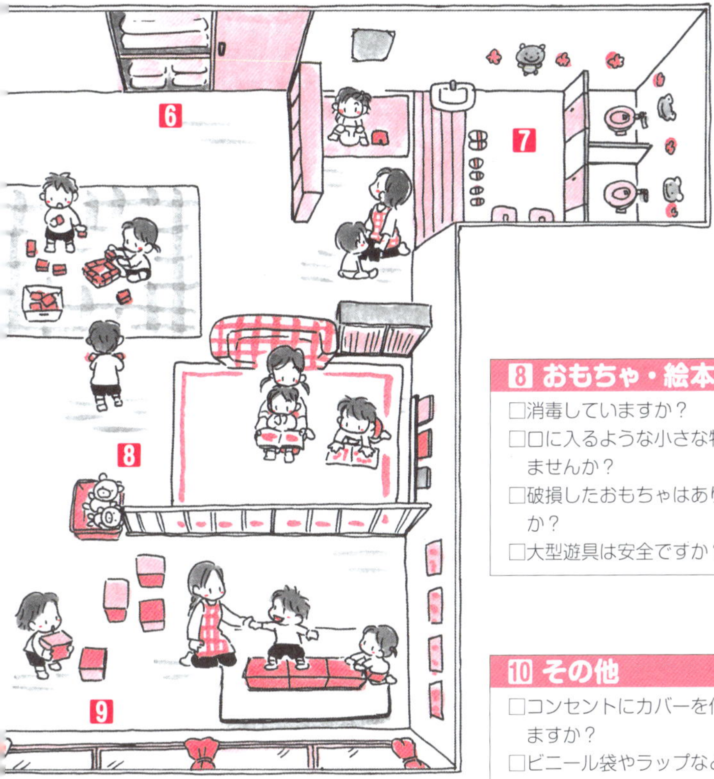

8 おもちゃ・絵本

□消毒していますか？
□口に入るような小さな物はありませんか？
□破損したおもちゃはありませんか？
□大型遊具は安全ですか？

9 窓

□踏み台になるような物は置いていませんか？
□ガラスが割れても、飛び散らないようにしていますか？

10 その他

□コンセントにカバーを付けていますか？
□ビニール袋やラップなどは、子どもの手が届かない場所にありますか？
□掲示板は固定され、掲示物は落ちていませんか？
□子どもの手が届く高さに、危険な物や大事な物を置いていませんか？

※園によって、室内の配置はさまざまです。一例としてご覧ください。

⑤1・2歳児保育室の起こりうるケガ&事故と予防対策☑

毎日の掃除と点検が危険を減らし、子どもたちの安全にもつながっていきます。

危険…起こりうるケガ・事故
予防…予防対策

1 棚・ロッカー

□棚やロッカーは固定されていますか?

危険 地震のときやぶつかったときなどに、倒れてくることが予想されます。子どもたちが近くにいるときに倒れて下敷きになると、命にもかかわります。

予防 棚やロッカーは、壁側に置いてしっかりと固定し、危険を回避しましょう。

固定金具
など

□棚は壊れていませんか?

危険 棚が外れていたり、ささくれていたりすると、手を詰めたり手に刺さったりします。

予防 棚はネジが外れていないか確認し、ささくれは削ったりカバーを付けたりして補強しておきましょう。

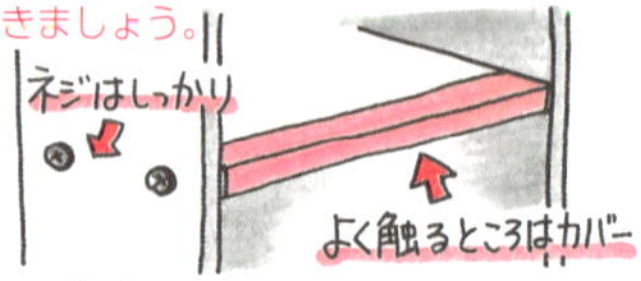
ネジはしっかり
よく触るところはカバー

□角は安全カバーを付けていますか?

危険 遊んでいるとき、何かの拍子に転んだりつまずいたりして角にぶつかると、打ち身や傷口が開くようなケガが予想されます。

予防 市販のカバーやエアクッションなどを利用して、当たってもケガにつながらないようにしておきましょう。

角は要注意

□整理整とんされていますか?

危険 物が乱雑に入っていると、突然崩れて子どもに当たったり、必要な物を探している間、子どもに目が行き届かなかったりして、ケガにつながることもあります。

予防 かごや箱に表示を付けるなどして、日ごろから整理整とんを心がけましょう。

2 出入り口

□出入り口に障害物はありませんか?

危険 荷物を置きっ放しにしていると、子どもがつまずいて転んだりぶつかったりします。「少しの間なら、置いていてもだいじょうぶ」と思い込んでいると、子どものケガにつながります。火事や地震の際にも逃げ道が確保できません。

予防 物は絶対置かないようにしましょう。

□戸はスムーズに開きますか?

危険締め切れずにすき間が空いていたり、軽くて滑りすぎたりすると、手を挟むなど、子どもだけでなく保育者もケガをします。

予防敷居の摩擦を調節する器具を付けたり、場合によっては新しい戸に付け替えたりすることも検討しましょう。

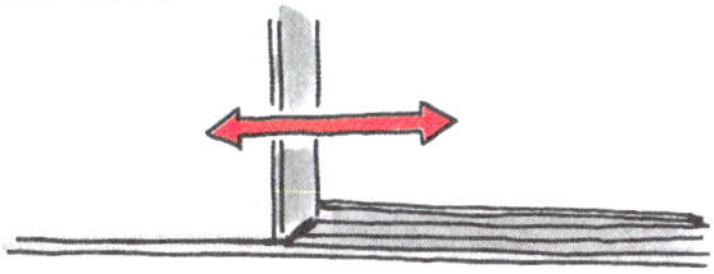

3 床・じゅうたん

□毎日掃除をしていますか?

危険寝転んだりハイハイしたりする子どもにとって、床は顔にとても近い場所です。ほこりを吸ったり、湿しんが出たりします。

予防毎日掃除して、きれいにしておきましょう。

□ぬれているところはありませんか?

危険歩き始めの子どもやハイハイしている子どもが、滑って転んでしまいます。

予防ぬれたらすぐにふきましょう。

□口に入りそうな物は落ちていませんか?

危険子どもたちは、なんでも口に入れます。床に落ちていると、誤飲の原因になります。

予防落とさないよう十分に気を付けて、気づいたら後回しにせずに、すぐに拾いましょう。

4 イス・机

□イスや机は安定していますか?

危険イスや机ががたついていたり、安定が悪いと、イスごと転んだり机の上の物がひっくり返ったりして、ケガにつながります。

予防必ず確認して使いましょう。

□机の角は丸くなっていますか?
または安全カバーが付いていますか?

危険角にぶつけて、切ったりはれたりします。

予防角がある場合は、エアクッションやスポンジなどを付けて、当たっても痛くないようにしておきましょう。

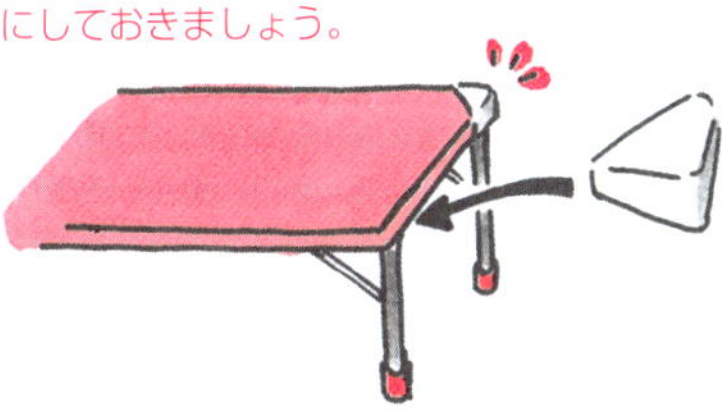

□ネジが外れていませんか?

危険イスががたついたり手を挟んだりします。

予防ネジが外れたら、すぐ修理しておき、間に合わないときは、外れているイスや机を使わないように、場所を移動させておきましょう。

5 手洗い場

□汚れていませんか?

危険 カビが生えていたり黒く汚れていたりすると、病気の原因になります。

予防 保育後、毎日みがき残しがないように、掃除をしておきましょう。

□洗剤が置きっ放しになっていませんか?

危険 洗剤で遊んだり、誤って口にしたりする原因になります。

予防 使ったらかたづけるように気を付けましょう。

6 押し入れ

□週末には掃除をしていますか?

危険 毎日子どもたちの布団を入れているため、ほこりやダニがいっぱいいます。アレルギーの原因にもなります。

予防 風を通し、ふき掃除をしておきましょう。すのこを置くなど、湿気対策も必要です。

□布団はきれいに入れていますか?

危険 布団が子どもたちの上になだれ落ちると、窒息の原因になります。

予防 布団はきれいに畳んだり丸めたりして収納しておきましょう。子どもが触らないように扉を閉めておきましょう。

7 オマル・トイレ

□入り口は閉まっていますか?
柵がある場合は閉まっていますか?

危険 子どもがかってに入り、便器に顔を突っ込むことも考えられます。

予防 入り口の扉は閉めておき、柵がある場合は必ず柵をして、進入を阻止しましょう。

□オマル・トイレは清潔にしていますか?

危険 おもらしをすることも多く、病気の感染が広がる原因にもなります。

予防 常に掃除・消毒をして、清潔にしておきましょう。

□床は汚れていませんか?

危険 滑って転ぶと骨折の原因にもなります。

予防 ぬれたらすばやくふいておきましょう。

□掃除用具はかたづけていますか?

危険 ブラシやぞうきんをなめたりすると、菌が口の中に入り危険です。

予防 子どもの手が届かない場所に置くようにしましょう。

8 おもちゃ・絵本

□消毒していますか?

危険 ダニがついていたり汚れがついて菌が繁殖したりして、アレルギーや病気の原因になります。

予防 ふいておく、日光に当てる、消毒するなど、きれいにしておきましょう。

□口に入るような小さな物はありませんか?

危険 なんでも口に入れて確かめる子どもにとっては、誤飲の原因になります。

予防 小さな物が混ざっていないか、誤飲チェッカーなどを用いて、よく確認しましょう。

□破損したおもちゃはありませんか?

危険 手や口を切ったり挟んだりします。

予防 可能なら修理をし、無理なものは処分しましょう。

□大型遊具は安全ですか?

危険 室内用すべり台で手を挟んだり、引っ掛かって転んだりします。

予防 可能なら修理をし、無理なものは処分しましょう。使うときは必ずそばで見守りましょう。

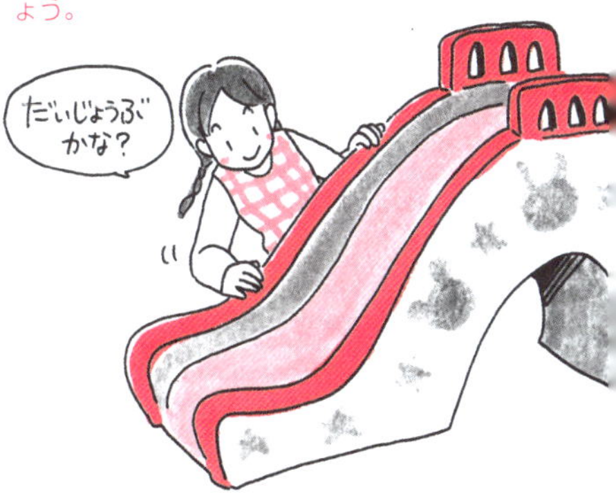

9 窓

□踏み台になるような物は置いていませんか?

危険 踏み台を利用してよじ登り、誤って窓から落下することもあります。

予防 窓のそばに置かないようにしましょう。

□ガラスが割れても、飛び散らないようにしていますか?

危険 おもちゃなどが窓に当たったとき、ガラスが割れて子どもに降りかかる危険が潜んでいます。

予防 窓ガラスにテープをはったり、防護フィルムをはったりしておきましょう。

10 その他

□コンセントにカバーを付けていますか?

危険 子どもが物を差し込むと、感電するおそれがあります。

予防 感電防止のためカバーを付け、間にほこりがたまらないように気を付けましょう。

□ビニール袋やラップなどは、子どもの手が届かない場所にありますか?

危険 袋をかぶったり口に当てたりして、窒息の原因になります。

予防 子どもの手が届くところには置かないようにし、家庭から持って来た袋も置きっ放しにしないよう、気を付けましょう。

□掲示板は固定され、掲示物は落ちていませんか?

危険 掲示板が落下して頭に当たったり、はってある物が落ちてきて、拾って飲み込んでしまったりと、いろいろ考えられます。

予防 掲示の場所や、はり方には、十分に気を付けましょう。

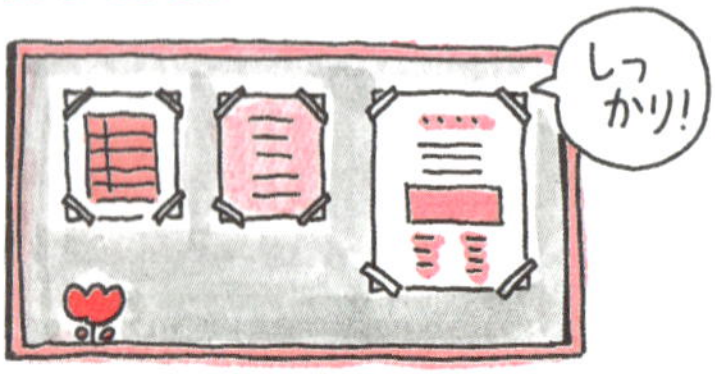

□子どもの手が届く高さに、危険な物や大事な物を置いていませんか?

危険 ハサミや鉛筆などは、子どもにとって凶器になります。

予防 大事な書類なども、置き場所には十分に気を付けましょう。

❻1･2歳児保育室の安全点検☑チェックリスト

※拡大コピーして保育室の見やすいところにはるなどして、常にチェックしましょう。

1 棚・ロッカー

□棚やロッカーは固定されていますか?

□棚は壊れていませんか?

□角は安全カバーを付けていますか?

□整理整とんされていますか?

2 出入り口

□出入り口に障害物はありませんか?

□戸はスムーズに開きますか?

3 床・じゅうたん

□毎日掃除をしていますか?

□ぬれているところはありませんか?

□口に入りそうな物は落ちていませんか?

4 イス・机

□イスや机は安定していますか?

□机の角は丸くなっていますか?
または安全カバーが付いていますか?

□ネジが外れていませんか?

5 手洗い場

□汚れていませんか?

□洗剤が置きっ放しになっていませんか?

6 押し入れ

□週末には掃除をしていますか?

□布団はきれいに入れていますか？

7 オマル・トイレ

□入り口は閉まっていますか?
柵がある場合は閉まっていますか?

□オマル・トイレは清潔にしていますか?

□床は汚れていませんか?

□掃除用具はかたづけていますか?

8 おもちゃ・絵本

□消毒していますか?

□口に入るような小さな物はありませんか?

□破損したおもちゃはありませんか?

□大型遊具は安全ですか?

9 窓

□踏み台になるような物は置いていませんか?

□ガラスが割れても、飛び散らないようにしていますか?

10 その他

□コンセントにカバーを付けていますか?

□ビニール袋やラップなどは、子どもの手が届かない場所にありますか?

□掲示板は固定され、掲示物は落ちていませんか?

□子どもの手が届く高さに、危険な物や大事な物を置いていませんか?

❼3~5歳児担任、あなたの保育室はだいじょうぶ?✔

体が大きくなるにつれて遊びが活発になり、予想以上に危険な遊びになったり、けんかして力が掛かったりします。保育室を広く使えるよう、整理整とんしましょう。

1 棚・ロッカー

□棚やロッカーは固定されていますか?
□棚は壊れていませんか?
□角は安全カバーを付けていますか?
□整理整とんされていますか?
□タオル掛け、コップ掛けは壊れていませんか?

2 出入り口

□出入り口に障害物はありませんか?
□戸はスムーズに開きますか?

3 床・じゅうたん

□毎日掃除をしていますか?
□ぬれているところはありませんか?
□物は落ちていませんか?

4 イス・机

□イスや机は安定していますか?
□机の角は丸くなっていますか?
または安全カバーが付いていますか?
□ネジが外れていませんか?

5 手洗い場

□汚れていませんか?
□洗剤が置きっ放しになっていませんか?

6 押し入れ

□週末には掃除をしていますか？
□布団はきれいに入れていますか？

7 トイレ

□清潔に保たれていますか？
□床は汚れていませんか？
□掃除用具はかたづけていますか？

8 おもちゃ・絵本

□消毒していますか？
□破損したおもちゃはありませんか？
□絵本は整理整とんしていますか?

9 ピアノ

□ふたや角に、エアクッションなどを付けていますか？
□ピアノの上に物を置いていませんか？

10 窓

□踏み台になるような物は置いていませんか？
□ガラスが割れても、飛び散らないようにしていますか？

11 その他

□コンセントにカバーを付けていますか？
□ビニール袋やラップなどは、子どもの手が届かない場所にありますか？
□掲示板は固定され、掲示物は落ちていませんか？
□ハサミの持ち方・置き場所を決めていますか？
□新しい物を使うとき、安全に使えるように話をしていますか？

※園によって、室内の配置はさまざまです。一例としてご覧ください。

⑧3～5歳児保育室の起こりうるケガ&事故と予防対策☑

子ども同士の遊びが増えると、危険も増えていきます。子どもの活動を予測して、事故を避けましょう。

危険…起こりうるケガ・事故
予防…予防対策

1 棚・ロッカー

□棚やロッカーは固定されていますか？

危険 地震のときやぶつかったときなどに、倒れてくることが予想されます。子どもたちが近くにいるときに倒れて下敷きになると、命にもかかわります。

予防 棚やロッカーは、壁側に置いてしっかりと固定し、危険を回避しましょう。

□棚は壊れていませんか？

危険 棚が外れていたり、ささくれていたりすると、手を詰めたり手に刺さったりします。

予防 棚はネジが外れていないか確認し、ささくれは削ったりカバーを付けたりして補強しておきましょう。

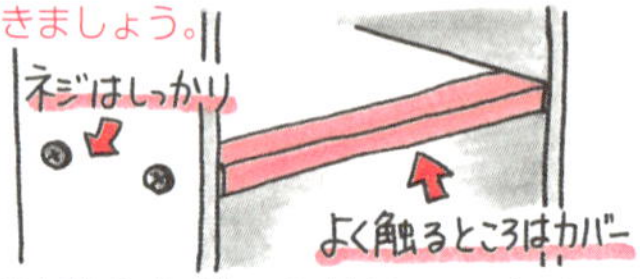

□角は安全カバーを付けていますか？

危険 遊んでいるとき、何かの拍子に転んだりつまずいたりして角にぶつかると、打ち身や傷口が開くようなケガが予想されます。

予防 市販のカバーや エアクッションなどを利用して、当たってもケガにつながらないようにしておきましょう。

□整理整とんされていますか？

危険 物が乱雑に入っていると、突然崩れて子どもに当たったり、必要な物を探している間、子どもに目が行き届かなかったりして、ケガにつながることもあります。

予防 かごや箱に表示を付けるなどして、日ごろから整理整とんを心がけましょう。

□タオル掛け、コップ掛けは壊れていませんか？

危険 破損していると、ケガにつながります。コップの中にかけらが落ち、誤って口に入ることも考えられます。

予防 フックが破損していたら、修理したり取り替えたりしておきましょう。

2 出入り口

□出入り口に障害物はありませんか?

危険 荷物を置きっ放しにしていると、子どもがつまずいて転んだりぶつかったりします。「少しの間なら、置いていてもだいじょうぶ」と思い込んでいると、子どものケガにつながります。火事や地震の際にも逃げ道が確保できません。

予防 物は絶対置かないようにしましょう。

□戸はスムーズに開きますか?

危険 締め切れずにすき間が空いていたり、軽くて滑りすぎたりすると、手を挟むなど、子どもだけでなく保育者もケガをします。

予防 敷居の摩擦を調節する器具を付けたり、場合によっては新しい戸に付け替えたりすることも検討しましょう。

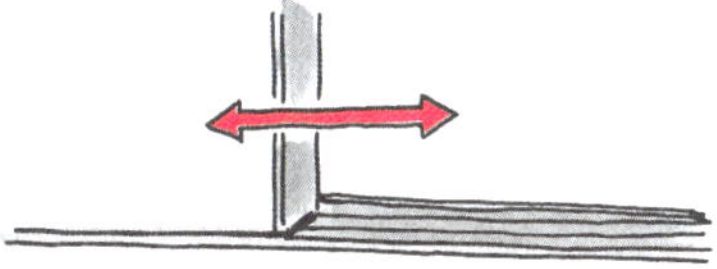

3 床・じゅうたん

□毎日掃除をしていますか?

危険 子どもたちは床に座り込んで遊んだりします。手や体にほこりがつきアレルギーの原因になります。

予防 毎日掃除して、きれいにしておきましょう。

□ぬれているところはありませんか?

危険 子どもが滑って転んでしまいます。

予防 ぬれたらすぐにふきましょう。

□物は落ちていませんか?

危険 床に落ちていると、踏んづけたり転んだりしてケガにつながります。

予防 落とさないよう十分に気を付けて、気づいたら後回しにせずに、すぐに拾いましょう。

4 イス・机

□イスや机は安定していますか?

危険 イスや机ががたついていたり、安定が悪いと、イスごと転んだり机の上の物がひっくり返ったりして、ケガにつながります。

予防 必ず確認して使いましょう。

□机の角は丸くなっていますか?
または安全カバーが付いていますか?

危険 角にぶつけて、切ったりはれたりします。

予防 角がある場合は、エアクッションやスポンジなどを付けて、当たっても痛くないようにしておきましょう。

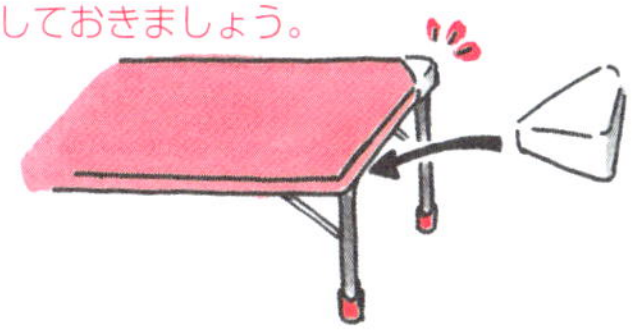

□ネジが外れていませんか?

危険 イスががたついたり手を挟んだりします。

予防 ネジが外れたら、すぐ修理しておき、間に合わないときは、外れているイスや机を使わないように、場所を移動させておきましょう。

5 手洗い場

□汚れていませんか?

危険 カビが生えていたり黒く汚れていたりすると、病気の原因になります。

予防 保育後、毎日みがき残しがないように、掃除をしておきましょう。

□洗剤が置きっ放しになっていませんか?

危険 洗剤で遊んだり、誤って口にしたりする原因になります。

予防 使ったらかたづけるように気を付けましょう。

6 押し入れ

□週末には掃除をしていますか?

危険 毎日子どもたちの布団を入れているため、ほこりやダニがいっぱいいます。アレルギーの原因にもなります。

予防 風を通し、ふき掃除をしておきましょう。すのこを置くなど、湿気対策も必要です。

□布団はきれいに入れていますか?

危険 布団が子どもたちの上になだれ落ちると、窒息の原因になります。

予防 布団はきれいに畳んだり丸めたりして収納しておきましょう。子どもが触らないように扉を閉めておきましょう。

7 トイレ

□清潔に保たれていますか?

危険 汚いままだと、病気の感染が広がる原因にもなります。

予防 常に掃除・消毒をして、清潔にしておきましょう。

□床は汚れていませんか?

危険 滑って転ぶと骨折の原因にもなります。

予防 ぬれたらすばやくふいておきましょう。

□掃除用具はかたづけていますか?

危険 ブラシやバケツをかってに出して、危ない遊びをすることも考えられます。

予防 子どもの手が届かない場所に置くか、きちんとかたづけておきましょう。

8 おもちゃ・絵本

□消毒していますか?

危険 ダニがついていたり汚れがついて菌が繁殖したりして、アレルギーや病気の原因になります。

予防 ふいておく、日光に当てる、消毒するなど、きれいにしておきましょう。

□破損したおもちゃはありませんか?

危険 手や口を切ったり挟んだりします。

予防 可能なら修理をし、無理なものは処分しましょう。

□絵本は整理整とんしていますか?

危険 絵本が乱雑に入れられていると、床に落として踏んで滑ったり、つまずいたりすることが考えられます。

予防 子どもたちに整理整とんのことばがけをして、最後は保育者が確認しておきましょう。

9 ピアノ

□ふたや角に、エアクッションなどを付けていますか?

危険 ふたを閉めるときに手を挟んだり、角に頭や体をぶつけたりすることもあります。

予防 ふたがピッタリと閉まらないように、クッションを取り付けて、角にも安全カバーを付けておきましょう。

□ピアノの上に物を置いていませんか?

危険 本をたくさん置いたり荷物を置いたりしていると、落ちて子どもに当たる危険があります。

予防 整理整とんをして、余計な物は置かないようにしましょう。

10 窓

□踏み台になるような物は置いていませんか?

危険 踏み台を利用して外をのぞこうとして、窓から落下することも考えられます。

予防 窓のそばに置かないようにしましょう。

□ガラスが割れても、飛び散らないようにしていますか?

危険 おもちゃなどが窓に当たったとき、ガラスが割れて子どもに降りかかる危険が潜んでいます。

予防 窓ガラスにテープをはったり、防護フィルムをはったりしておきましょう。

11 その他

□コンセントにカバーを付けていますか?

危険 子どもが物を差し込むと、感電するおそれがあります。

予防 感電防止のためカバーを付け、間にほこりがたまらないように気を付けましょう。

□ビニール袋やラップなどは、子どもの手が届かない場所にありますか?

危険 袋をかぶったり口に当てたりして、窒息の原因になります。

予防 子どもの手が届くところには置かないようにし、家庭から持って来た袋も置きっ放しにしないよう、気を付けましょう。

□掲示板は固定され、掲示物は落ちていませんか?

危険 掲示板が落下して頭に当たったり、はってある物が落ちてきて、拾って飲み込んでしまったりと、いろいろ考えられます。

予防 掲示の場所や、はり方には、十分に気を付けましょう。

□ハサミの持ち方・置き場所を決めていますか?

危険 ハサミを正しく持たないと、つまずいたときに突き刺さるなどのケガが考えられます。

予防 正しい持ち方を知らせ、ハサミをしまう場所を決めておきます。常に数を確認しましょう。

□新しい物を使うとき、安全に使えるように話をしていますか?

危険 目や頭に当たると大ケガにつながる物、手を切る物など、たくさんあります。

予防 使う前に、必ず安全に使うための話を十分にしておきましょう。

❾3～5歳児保育室の安全点検☑チェックリスト

※拡大コピーして保育室の見やすいところにはるなどして、常にチェックしましょう。

1 棚・ロッカー

□棚やロッカーは固定されていますか?

□棚は壊れていませんか?

□角は安全カバーを付けていますか?

□整理整とんされていますか?

□タオル掛け、コップ掛けは壊れていませんか?

2 出入り口

□出入り口に障害物はありませんか?

□戸はスムーズに開きますか?

3 床・じゅうたん

□毎日掃除をしていますか?

□ぬれているところはありませんか?

□物は落ちていませんか?

4 イス・机

□イスや机は安定していますか?

□机の角は丸くなっていますか?
　または安全カバーが付いていますか?

□ネジが外れていませんか？

5 手洗い場

□汚れていませんか?

□洗剤が置きっ放しになっていませんか?

6 押し入れ

□週末には掃除をしていますか？

□布団はきれいに入れていますか？

7 トイレ

□清潔に保たれていますか?

□床は汚れていませんか?

□掃除用具はかたづけていますか?

8 おもちゃ・絵本

□消毒していますか?

□破損したおもちゃはありませんか?

□絵本は整理整とんしていますか?

9 ピアノ

□ふたや角に、エアクッションなどを付けていますか?

□ピアノの上に物を置いていませんか?

10 窓

□踏み台になるような物は置いていませんか?

□ガラスが割れても、飛び散らないようにしていますか?

11 その他

□コンセントにカバーを付けていますか?

□ビニール袋やラップなどは、子どもの手が届かない場所にありますか?

□掲示板は固定され、掲示物は落ちていませんか?

□ハサミの持ち方・置き場所を決めていますか?

□新しい物を使うとき、安全に使えるように話をしていますか?

⑩0～5歳児保育室、季節・天候によって注意することは?☑

保育室内の温度・湿度を常にチェックして、冷暖房用の器具は安全に使えるように管理しましょう。

危険…起こりうるケガ・事故
予防…予防対策

※チェック図とチェックリストは省略しています。

1 温度・湿度・換気(年中)

□温度・湿度は適正に保たれていますか?

危険 夏は温度や湿度が高いと不快な思いをし、熱中症の危険があります。冬に湿度が低いとウイルスが生き続け、感染症が広がります。

予防 温度計や湿度計を確認して、適正な温度や湿度を保ちましょう。

※地域にもよりますが、0～2歳児の保育室なら夏季で19～24℃・湿度45～65%、冬季で17～22℃・湿度40～60%が目安です。冷房は、外気との差をなるべく5℃以内に調節しましょう。

□換気はしていますか?

危険 定期的に換気をしないと室内の空気が汚れ、病気が蔓《まん》延します。

予防 換気扇を回したり定期的に窓を開けたりして、新鮮な空気を取り入れましょう。

※特に暖房中は、1時間に1・2回換気を行なうようにしましょう。

2 日ざしの強い日（春・夏）

□日陰をつくっていますか?

危険 休憩するときに日陰がなければ、熱中症になる危険があります。

予防 太陽の位置を確認しながら、時々パラソルの角度を変えるなどして、常に日陰ができるようにしましょう。

□パラソルの土台は安定していますか?

危険 土台が軽かったりぐらついたりしていると、風で倒れて子どもがケガをする危険があります。

予防 土台にたっぷりと水を入れ、さらにタイヤなどのおもしを載せて、安定させましょう。

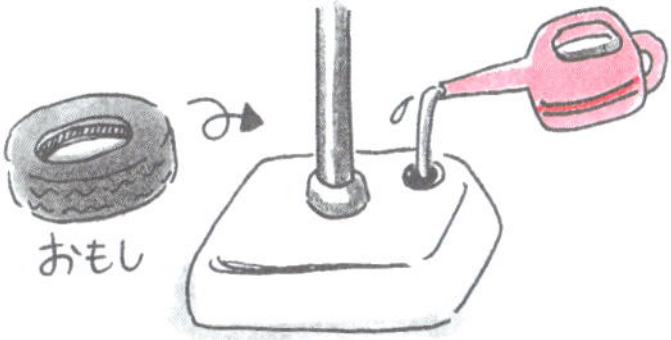

□破損していることころはありませんか?

危険 手や口を切ったり挟んだりします。

予防 可能なら修理をし、無理なものは処分しましょう。

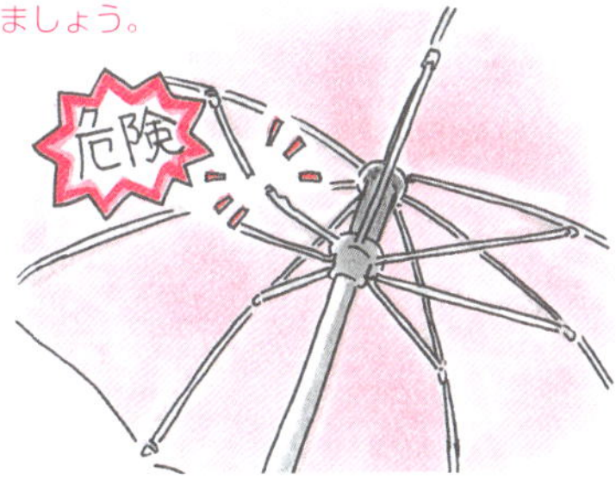

3 雷（主に夏）

□戸外に出ている子どもはいませんか?

危険 近くに落雷する可能性もあります。

予防 子どもたちをすぐに建物内に誘導して、しばらくの間は戸外での活動を見合わせます。

※雷を怖がる子どもには、安心できるようなことばがけもしてあげましょう。

4 扇風機（夏）

□羽根にひびが入ったり、ネジが緩んだりしていませんか?

危険 使っている最中にネジが外れると、扇風機が壊れます。羽根の破片が飛ぶなどしてケガにつながるおそれがあります。

予防 使う前に羽根やネジを確認し、安心して使えるようにしましょう。

□きれいに掃除をしていますか?

危険 ほこりが積もったままで使用していると、アレルギーの原因になります。

予防 羽根やカバーなど、隅々まで掃除をしておきましょう。

5 エアコン・ファンヒーター(夏・冬)

□フィルターにほこりがたまっていませんか?

危険 冷暖房の効きが悪くなります。ほこりが空気中を舞い、アレルギーの原因になります。

予防 掃除をして、きれいにしておきましょう。

□安全な場所にありますか?

危険 すき間に指を入れたり、かってにボタンに触ったりすると、大ケガや故障につながります。

予防 暖房機器は、子どもが触れないように柵でガードします。床にビニールテープをはるなどして、入ってはいけない範囲も示しておきましょう。

□ガスの栓や電源はきちんと確認していますか?

危険 子どもがかってに電源を入れると、やけどやケガにつながります。

予防 使用していないときは、元栓を閉める、コンセントを抜いておくなど、気を付けておきましょう。

6 雪が積もったら(冬)

□滑りそうなところはありませんか?

危険 子どもたちは積もった雪の上を歩きたがりますが、雪が固まって凍っている場所は非常に滑りやすく、大人にとっても危険です。

予防 凍っている場所にカラー標識を置くなどして、注意を促しましょう。

※雪に慣れていない地域では、交通が乱れることも考えられます。朝から雪が積もりそうな予報が出ていたら、いつもより早めの時間に家を出て、保護者や子どもたちの登園に備えましょう。

7 加湿器(冬)

□子どもの手が届かないところにありますか?

危険 子どもが触ったり誤って落としたりすると、やけどや大ケガにつながります。

予防 置く場所は十分に考えて、触らないという約束もしておきましょう。

□きれいに掃除をしていますか?

危険 掃除をせずに使い続けていると、カビが発生して空気中を舞い、口に入って病気になります。

予防 こまめに掃除をしておきましょう。

8 温蔵庫(冬)

□ふき掃除をしていますか?

危険 毎日子どもたちのお弁当を温めるため、汚れたりゴミが入ったりして、不衛生になりがちです。アレルギーの原因にもなります。

予防 毎日ふき掃除をして、庫内のにおいを消すため、しばらくドアを開けておきましょう。

□子どもが触らないようにしていますか?

危険 中は非常に熱くなります。子どもが開けて内部に直接触れると、やけどをします。

予防 子どもの手が届かない場所に置き、かってに触らないという約束をしておきます。危険なことを知らせるイラストもはって、警告しましょう。

9 雨の日(年中)

□入り口はぬれていませんか?

危険 滑って転ぶと、骨折の原因にもなります。

予防 ぬれたらすばやくふいたり、足ふきマットを置いたりしておきましょう。

□傘は畳んで入れていますか?

危険 傘同士が絡み合い、無理に抜くと、骨が曲がったり、柄や先の部分が顔に当たることも考えられます。

予防 傘は畳んで留めてから傘立てに入れるように、共通理解しておきましょう。

□傘立ての角はカバーしていますか?

危険 滑ったときに角にぶつかると、切り傷やひどいケガが予想されます。

予防 移動できる場合は安全な場所に置き、角はクッションなどでカバーしておきましょう。

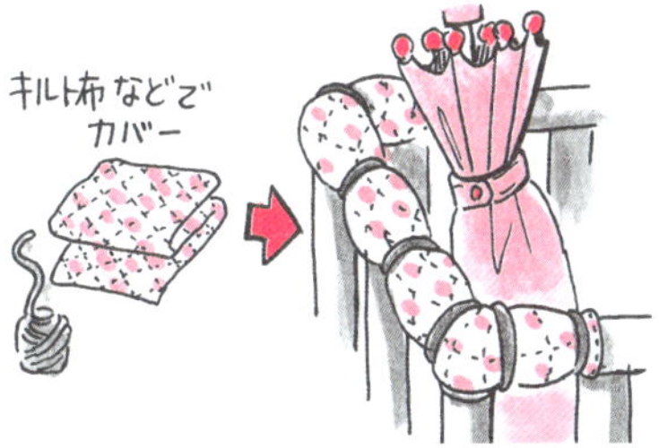

⑪園内の設備で注意することは？✔

園には子どもたち以外にも、保護者やお客様など、多くの人が訪れます。みんなが安全・快適に過ごせるように、気を配りましょう。

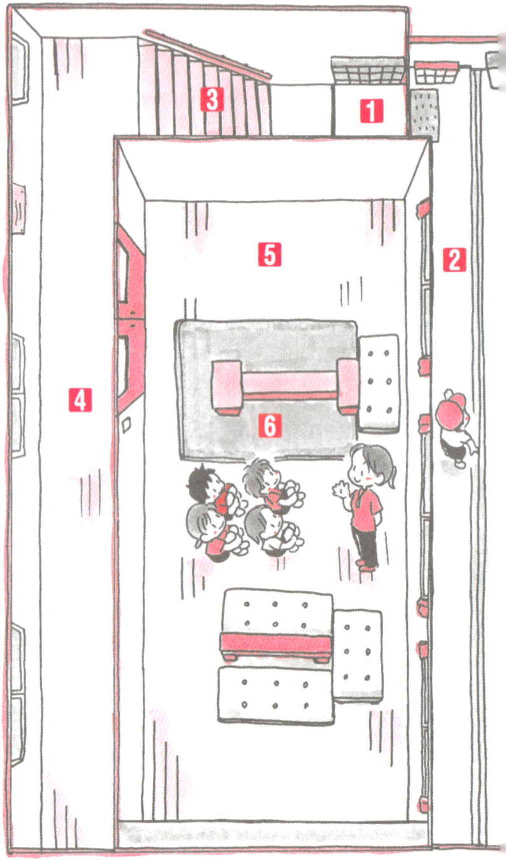

1 玄関

☐毎日掃除をしていますか？
☐物は落ちていませんか？

2 雨の日のテラス

☐危険な物は置いていませんか？
☐物は落ちていませんか？

3 階段

☐毎日掃除をしていますか？
☐ぬれているところはありませんか？
☐物は落ちていませんか？

4 廊下

☐毎日掃除をしていますか？
☐ぬれているところはありませんか？
☐物は落ちていませんか？
☐必要のない物を置いていませんか？

5 遊戯室

☐毎日掃除をしていますか？
☐ぬれているところはありませんか？
☐物は落ちていませんか？

6 平均台・巧技台

☐壊れているところはありませんか？
☐使うときには、安全対策をしていますか？

7 門

□施錠していますか?
□門を開けるときは、周りを気にしていますか?

8 花壇・プランター

□プランターが壊れていませんか?
□使っていないプランターは、かたづけていますか?
□プレートは壊れていませんか?

9 園庭

□危険な物は落ちていませんか?
□でこぼこや穴はありませんか?

10 固定遊具

□壊れているところはありませんか?
□固定されていますか?
□落下・衝撃対策をしていますか?
□ルールは共通理解していますか?

11 飼育小屋

□毎日掃除をしていますか?
□小屋は壊れていませんか?
□掃除道具はきれいにしていますか?

12 砂場

□危険な物は落ちていませんか?
□ネコなどのふんは落ちていませんか?
□砂が固まっていませんか?

13 乗り物

□壊れていませんか?

※園によって、設備の配置はさまざまです。一例としてご覧ください。

⑫園内の設備で起こりうるケガ&事故と予防対策☑

庭の設備で危険なか所はないか、遊具の安全確認なども行なって、安心して楽しく遊べる環境にしましょう。 危険…起こりうるケガ・事故 予防…予防対策

※チェック図は省略しています。

1 玄関

□毎日掃除をしていますか?

危険 手や体にほこりがつき、アレルギーの原因になります。

予防 毎日掃除をして、きれいにしておきましょう。

□物は落ちていませんか?

危険 踏んづけたり転んだりすると、ケガにつながります。

予防 落とさないよう十分に気を付けて、気づいたら後回しにせずに、すぐに拾いましょう。

2 雨の日のテラス

□危険な物は置いていませんか?

危険 雨の日は滑りやすいです。転んでぶつかったり、すり傷ができたりします。

予防 テラスには物を置かないようにしましょう。

□物は落ちていませんか?

危険 雨の日は視界が悪いため、テラスに落ちていると、踏んづけたり転んだりしてケガにつながります。

予防 落とさないよう十分に気を付けて、気づいたら後回しにせずに、すぐに拾いましょう。

3 階段

□毎日掃除をしていますか?

危険 ほこりや菌がいっぱいついている手すりや階段を触った手で、自分の鼻や口を触ると、病気になります。

予防 手すりをふく、階段をはくなど、毎日掃除をして、きれいにしておきましょう。

□ぬれているところはありませんか?

危険 子どもが滑って転げ落ちると、非常に危険です。

予防 ぬれたらすぐにふきましょう。

□物は落ちていませんか?

危険 階段に落ちていると、踏んづけたり転んだりしてケガにつながります。

予防 落とさないよう十分に気を付けて、気づいたら後回しにせずに、すぐに拾いましょう。

4 廊下

□毎日掃除をしていますか?

危険 子どもたちは床に座り込んで遊んだりします。手や体にほこりがつき、アレルギーの原因になります。

予防 毎日掃除をして、きれいにしておきましょう。

□ぬれているところはありませんか?

危険 子どもが滑って転んでしまいます。

予防 ぬれたらすぐにふきましょう。

□物は落ちていませんか?

危険 床に落ちていると、踏んづけたり転んだりしてケガにつながります。

予防 落とさないよう十分に気を付けて、気づいたら後回しにせずに、すぐに拾いましょう。

□必要のない物を置いていませんか?

危険 廊下に物があると、ぶつかったりつまずいたりします。

予防 必要のない物は、廊下に置かないようにしましょう。

5 遊戯室

□毎日掃除をしていますか?

危険 子どもたちは床に座り込んで遊んだりします。手や体にほこりがつき、アレルギーの原因になります。

予防 毎日掃除をして、きれいにしておきましょう。

□ぬれているところはありませんか?

危険 子どもが滑って転んでしまいます。

予防 ぬれたらすぐにふきましょう。

□物は落ちていませんか?

危険 床に落ちていると、踏んづけたり転んだりしてケガにつながります。

予防 落とさないよう十分に気を付けて、気づいたら後回しにせずに、すぐに拾いましょう。

6 平均台・巧技台

□壊れているところはありませんか？

危険 手を挟んだり、とげが刺さったり、バランスを崩して転んだりすることがあります。

予防 腐食していないか、安定感はあるかなど、使う前には必ず確認しましょう。

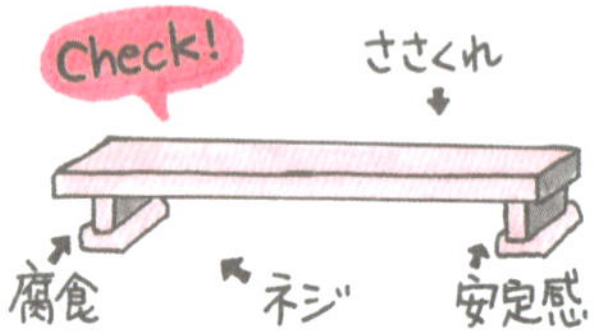
Check!
ささくれ
腐食
ネジ
安定感

□使うときには、安全対策をしていますか？

危険 平均台から落ちたり、ジャンプをしたときバランスを崩して転んだりして、ケガをすることがあります。

予防 平均台の下や巧技台の着地部分には、マットを敷くなど安全対策をしておきましょう。

7 門

□施錠していますか？

危険 子どもがかってに出て行ったり、不審者が入ったりして、ケガや事故につながります。

予防 登園・降園時以外は、必ず施錠しておきましょう。

□門を開けるときは、周りを気にしていますか？

危険 周りで遊んでいる子どもたちに気づかずに開けると、ぶつかったり挟まったりして、大ケガにつながります。

予防 周りをよく確認してから開けましょう。

右よし!
左よし!

8 花壇・プランター

□プランターが壊れていませんか？

危険 縁が欠けたりひびが入っていたりすると、手を切ったり挟んだりすることがあります。

予防 取り替えるまで応急処置をしておき、壊れている物は処分しましょう。

ビニール
テープ

□使っていないプランターは、かたづけていますか？

危険 重ねてほったらかしにしていると、崩れて子どもの上に落ちたり、虫が住みついたりして、虫刺されの原因にもなります。

予防 きれいに洗って、雨にぬれない場所に保管しておきましょう。

□プレートは壊れていませんか？

危険 手に刺さったり、破片を振り回して遊んだりすることも考えられます。

予防 壊れている物は処分し、新しいプレートに取り替えましょう。

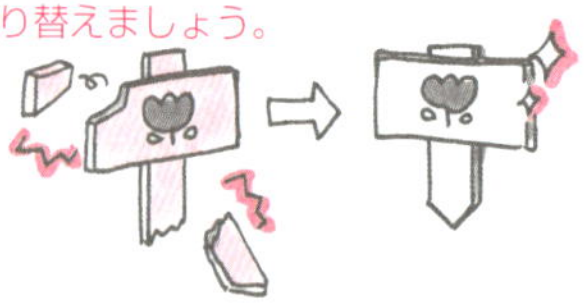

9 園庭

□危険な物は落ちていませんか?

危険 大きな石などが落ちていると、はだしで遊んでいるときや転んだときに、すり傷・切り傷がひどくなります。

予防 石やガラス片など、危険な物が落ちていないか、毎日確認しましょう。

□でこぼこや穴はありませんか?

危険 子どもがつまずいて転ぶと、ねんざや骨折の原因になります。

予防 園庭に穴があれば、埋めて平らにしておきましょう。

10 固定遊具

□壊れているところはありませんか?

危険 手を挟んだり切ったりします。

予防 毎朝点検しましょう。壊れている遊具は使用禁止にして、修理を依頼しましょう。

□固定されていますか?

危険 ネジが緩んでいたり、地面と接している部分がさびてもろくなっていたりすると、倒れる可能性もあり、非常に危険です。

予防 緩んでいるネジはしっかりと締め直し、危険な場合は使用禁止にして、修理や撤去を検討しましょう。

□落下・衝撃対策をしていますか?

危険 ねんざや骨折、すり傷などのケガが予想されます。

予防 マットなどを置いておくとよいでしょう。

□ルールは共通理解していますか?

危険 すべり台は階段から登る、使用中のブランコには近づかないなど、ルールを知らないと、子ども同士がぶつかってケガをします。

予防 子どもたち全員に対してルールの共通理解を徹底し、月初めや学期の初めなどにも再確認しましょう。

11 飼育小屋

□毎日掃除をしていますか?

危険 動物のふんやおしっこをほうっておくと、病気が蔓《まん》延します。

予防 毎日掃除をして、きれいにしておきましょう。

□小屋は壊れていませんか?

危険 子どもが手を入れたり、動物が逃げ出したりして、ケガや事故につながります。

予防 壊れている部分はふさいでおき、修理を依頼しましょう。

□掃除道具はきれいにしていますか?

危険 ブラシや長靴に動物のおしっこやふんがついたままにしておくと、菌が繁殖します。

予防 使ったら毎回きれいに洗って、決まった保管場所にかたづけるようにしましょう。

12 砂場

□危険な物は落ちていませんか?

危険 石やガラス片などが落ちていると、踏んだり手を切ったりしてケガにつながります。

予防 毎朝確認をして、気づいたら後回しにせずに、すぐに拾いましょう。

□ネコなどのふんは落ちていませんか?

危険 手や体につくと不衛生で、アレルギーの原因にもなります。

予防 毎日確認をして、ふんがあれば処分して砂の消毒をし、きれいにしておきましょう。

□砂が固まっていませんか?

危険 子どもが遊びにくく、つまずいたり、掘るときに力を入れすぎて砂が飛んだりして、砂が目に入ることが考えられます。

予防 週明けには砂を掘り返してほぐすなど、使いやすくしておきましょう。

13 乗り物

□壊れていませんか?

危険 手や足を挟んだり、バランスを崩して転んだりして危険です。

予防 壊れていたら修理をし、無理なら処分しましょう。

⑬園内の設備安全点検☑チェックリスト

※拡大コピーして保育室の見やすいところにはるなどして、常にチェックしましょう。

1 玄関
□毎日掃除をしていますか?
□物は落ちていませんか?

2 雨の日のテラス
□危険な物は置いていませんか?
□物は落ちていませんか?

3 階段
□毎日掃除をしていますか?
□ぬれているところはありませんか?
□物は落ちていませんか?

4 廊下
□毎日掃除をしていますか?
□ぬれているところはありませんか?
□物は落ちていませんか?
□必要のない物を置いていませんか?

5 遊戯室
□毎日掃除をしていますか?
□ぬれているところはありませんか?
□物は落ちていませんか?

6 平均台・巧技台
□壊れているところはありませんか?
□使うときには、安全対策をしていますか?

7 門
□施錠していますか?
□門を開けるときは、周りを気にしていますか?

8 花壇・プランター
□プランターが壊れていませんか?
□使っていないプランターは、かたづけていますか?
□プレートは壊れていませんか?

9 園庭
□危険な物は落ちていませんか?
□でこぼこや穴はありませんか?

10 固定遊具
□壊れているところはありませんか?
□固定されていますか?
□落下・衝撃対策をしていますか?
□ルールは共通理解していますか?

11 飼育小屋
□毎日掃除をしていますか?
□小屋は壊れていませんか?
□掃除道具はきれいにしていますか?

12 砂場
□危険な物は落ちていませんか?
□ネコなどのふんは落ちていませんか?
□砂が固まっていませんか?

13 乗り物
□壊れていませんか?

⑭プール遊びで起こりうるケガ＆事故と予防対策☑

プールには、危険がいっぱい潜んでいます。体調管理もしっかり行ない、楽しく遊べるようにしましょう。

危険…起こりうるケガ・事故
予防…予防対策

※チェック図は省略しています。

1 プール・プールサイド

□毎日掃除をしていますか?

危険 子どもたちの体についていた菌や、周りからのごみが集まると、プールはとても汚くなり、病気の感染が広がったりアレルギーの原因になったりします。

予防 毎日掃除をして、きれいにしておきましょう。

□壊れているところはありませんか?

危険 子どもが滑ったり引っ掛かったりして、転んでケガをします。

予防 プール遊びが始まるまでに、修理しておきましょう。

□給水・排水溝はだいじょうぶですか?

危険 子どもが手や足を入れると、ケガをしたり、抜けなくなっておぼれたりする危険があります。

予防 カバーはきちんと閉まっているか、バルブは閉まっているかなど、必ず確認しておきましょう。

□日陰はありますか?

危険 熱中症になったり、紫外線の浴びすぎで体がしんどくなったりします。

予防 パラソルや遮光ネットを利用するなどの準備をしましょう。

□シャワーや洗体槽などは壊れていませんか?

危険 プールの後、体をきれいに洗っておかないと、感染拡大やアレルギーの原因になります。

予防 水が出るか、漏れていないかなどを確認しておきましょう。

□ゴミ箱はありますか？

危険 ゴミが散乱していると、不衛生です。

予防 鼻水をふいたティッシュペーパーや、落ちているゴミが捨てられるように、ゴミ箱などを準備しておきましょう。

□時間を決めて遊んでいますか？

危険 休憩せずにプール遊びを続けていると、子どもたちがしんどくなっていきます。

予防 遊ぶ時間と休憩する時間を考えて、楽しめるようにしましょう。

2 水質・水温管理

□塩素濃度は適切ですか？

危険 プールや洗体槽の塩素濃度が濃すぎると、体に良くありません。逆に薄すぎると、菌が増殖します。

予防 プールに入る前にチェックしておきましょう。

※遊離残留塩素は、プール使用前及び使用中、1時間ごとに1回以上測定し、0.4mg/ℓ以上を保持する。

※遊離残留塩素は、1.0mg/ℓ以下が望ましい。

※水素イオン濃度のPH値は、プール使用前に1回測定し、基準値程度（5.8～8.6）に保たれていることが望ましい。

※プールの水は、常に透明度を留意し、水中で3m離れた位置から、プールの壁面がきれいに見える程度。

（※＝『学校環境衛生の基準』より）

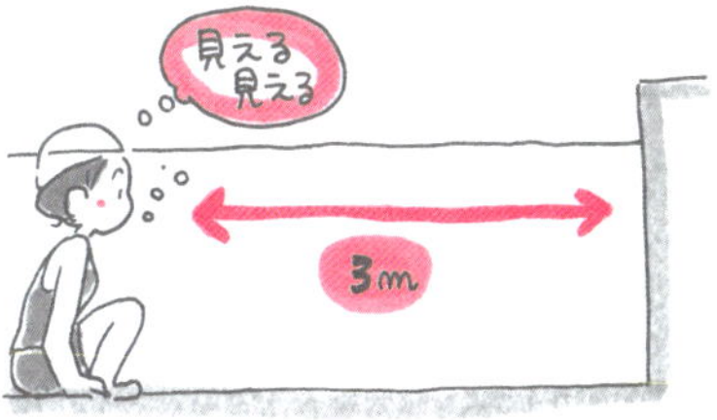

※塩素剤を取り扱うときは十分に気をつけて、子どもが触れない安全な場所に保管しましょう。

□水温は適切ですか？

危険 冷たい水に入ると、かぜをひいたり病気にかかったりします。

予防 正確な水温を測り、低いときはプール遊びをやめましょう。

※その日の天気や気温・水温なども、いっしょに記録しておきましょう。

3 プールに入る前の健康観察

□発熱している子どもはいませんか?

危険 感染症ならば、ほかの子どもにうつります。発熱している子どもは、症状が悪化するなど危険です。

予防 子どもによって平熱は違いますが、体温が37.5度以上ある場合はやめておきましょう。

□下痢やおなかが痛い子どもはいませんか?

危険 細菌やウイルスをまき散らし、感染が拡大します。

予防 体調が悪い子どもは、プールをやめておきましょう。

□肌にブツブツが出ていたり、ジュクジュクしたりしている子どもはいませんか?

危険 場合によっては、ほかの子どもに症状がうつります。

予防 肌の状態が悪い子どもは、プールをやめておきましょう。

□目やにが出ていたり、目が赤くなったりしている子どもはいませんか?

危険 目やにが続いていると、結膜炎が疑われ、ほかの子どもにも広がっていきます。

予防 目やにが続く、目が充血している子どもは、プールをやめておきましょう。

□しんどそうにしていませんか?

危険 プールでの活動は、かなり体力を消耗します。体調を崩していると、足をとられて転んだり、体調が悪化したりして危険です。

予防 しんどいときは無理をさせず、プールはやめておきましょう。

※プールカード(P.50参照)を用意して、子どもの健康状態を把握できるようにしておきましょう。

4 プールに入る準備

□排せつ・鼻かみは済ませましたか?

危険 プール内で漏らしたり鼻水が出たりすると不衛生で、感染が拡大します。

予防 必ずプールに入る前に済ませておきましょう。

□準備体操はしましたか?

危険 いきなり水の中に入ると、体が驚いてしまいます。

予防 準備体操で体をほぐし、少しずつ外気温や日光にも慣らしていきましょう。

□足・体は洗いましたか?

危険 汚れたままだと、細菌やウイルスをまき散らします。

予防 体についている汚れを落として、しっかり消毒もしておきましょう。

5 プールから出た後

□整理体操はしましたか?

危険 疲れがたまったまま過ごすと、体調を崩しやすくなります。

予防 整理体操をしてから休息をとると、早く元気になります。

□体は洗いましたか?

危険 体についた菌から、病気になるおそれがあります。

予防 シャワーで体の汚れを落とし、しっかり洗いましょう。

□まちがって人のタオルを使っていませんか?

危険 タオルの共用は感染拡大の元です。

予防 子どもが自分のタオルだとわかるように、かごに目印をつけておきましょう。

⑮プール遊びの安全点検✓チェックリスト&プールカード

※拡大コピーして保育室の見やすいところにはるなどして、常にチェックしましょう。

1 プール・プールサイド

- □毎日掃除をしていますか?
- □壊れているところはありませんか?
- □給水・排水溝はだいじょうぶですか?
- □日陰はありますか?
- □シャワーや洗体槽などは壊れていませんか?
- □ゴミ箱はありますか?
- □時間を決めて遊んでいますか?

2 水質・水温管理

- □塩素濃度は適切ですか?
- □水温は適切ですか?

3 プールに入る前の健康観察

- □発熱している子どもはいませんか?
- □下痢やおなかが痛い子どもはいませんか?
- □肌にブツブツが出ていたり、ジュクジュクしたりしている子どもはいませんか?
- □目やにが出ていたり、目が赤くなったりしている子どもはいませんか?
- □しんどそうにしていませんか?

4 プールに入る準備

- □排せつ・鼻かみは済ませましたか?
- □準備体操はしましたか?
- □足・体は洗いましたか?

5 プールから出た後

- □整理体操はしましたか?
- □体は洗いましたか?
- □まちがって人のタオルを使っていませんか?

プールカード

ぐみ	なまえ

日　付	プールに入る	体　温	理由・連絡事項	確認印
／		℃		
／		℃		
／		℃		
／		℃		
／		℃		

※カードは150%に拡大すると、B6サイズに収まります。

予防マニュアルⅡ

あなたの衛生管理、要チェック!

❶おう吐物・うんちは、正しく処理をして感染防止!☑

ノロウイルスなどに感染している子どものおう吐物やうんちを素手で触ると、手にウイルスが付きます。適切に処理をして、感染拡大を防ぎましょう。

おう吐物の処理

用意する物

新聞紙、使い捨ての布やペーパータオル、マスク、使い捨て手袋、使い捨てエプロン、ポリ袋、塩素系漂白剤、せっけん、うがい薬

①マスク・手袋・エプロンをつけ、窓を開けて換気する。

②ポリ袋を二重にしておく。

③おう吐物を、使い捨ての布やペーパータオルなどで外側から内側に、ふき取り面を折り込みながら静かにふく。

④使用した布などをポリ袋に入れ、布にしみこむ程度の塩素系漂白剤を入れて消毒する。

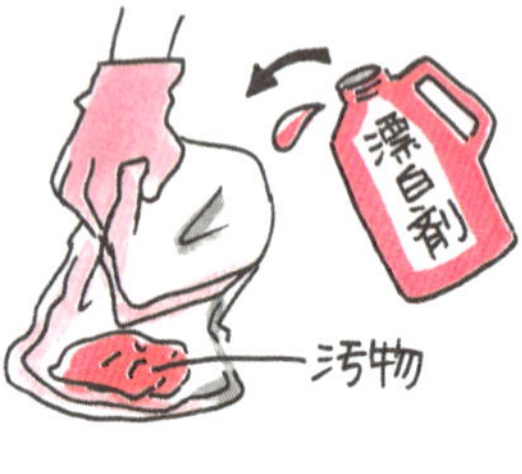

⑤おう吐物をふき取った周囲を、塩素系漂白剤を0.1%(水３ℓに対して原液50mℓ)に薄めた溶液をしみ込ませた布やペーパータオルで覆っておく。

⑥10分くらいたったら水ぶきをする。

⑦汚物の入った袋・マスク・手袋・エプロンをポリ袋に入れ、各自治体の規定に従って、ゴミとして処分する。

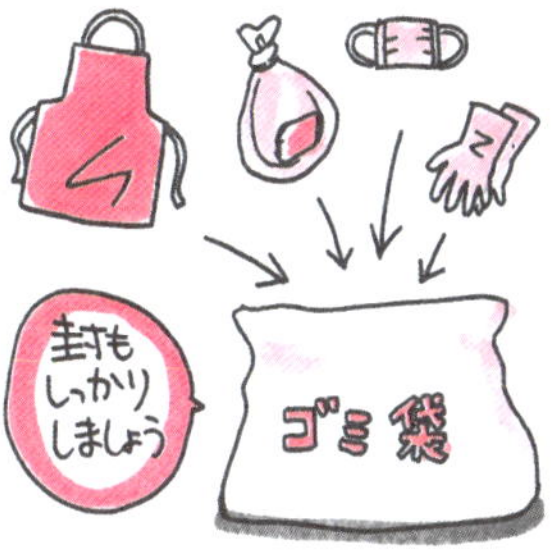

⑧処理が終わったら、ていねいに手洗い・うがいをする。

うんちの処理

用意する物

タライ、マスク、使い捨て手袋、使い捨てエプロン、ポリ袋、塩素系漂白剤、せっけん

①うんちが付いた物を水洗いして、ポリ袋に入れる。汚水はトイレに捨てる。

②塩素系漂白剤に30分浸す。またはタライなどに入れて、85℃以上のお湯で１分以上熱湯消毒する。

③ほかの物と分けて洗濯する。

④衣類・布団は日光に干し、よく乾燥させる。

❷身の回りの物や設備は、きちんと掃除・消毒を心がけよう!☑

衛生的な保育環境を保つために、日ごろから、子どもたちがよく使う物や園の設備の掃除・消毒を心がけましょう。

布団の消毒

□布団干し・押し入れの掃除はしていますか?

- 週末には必ず布団を持ち帰ります。そのほかの園にある布団は、天気の良い日に干して、日光消毒をしましょう（P.16参照）。
- 押し入れもこまめに掃除して、時々換気をしましょう（P.22・30参照）。

おもちゃの消毒

□おもちゃは洗って消毒していますか?

- ままごと用エプロンやおんぶひもなど、洗濯できる物は時々洗いましょう。
- ぬいぐるみは、天気の良い日に干します（P.15参照）。
- ベビージム・絵本・ままごと道具・積み木・ブロックなどは、アルコールで消毒して、ふいておきましょう（P.15・23・31参照）。
- 口に入れるおしゃぶりやガラガラなどは、逆性せっけん（水に溶けると陽イオンになり、殺菌力が強い）で洗って消毒します。

ほ乳瓶の消毒

①洗剤をつけて洗い、よく水で洗い流す。

②塩素系消毒液に浸して除菌、もしくは煮沸消毒（ほ乳瓶10分程度・乳首３分）をする。

③水で洗い流して、よくふき取る。

④清潔に保管しておく。

机・イスの消毒

□机・イスは清潔にしていますか?

●食事やおやつの後は、机の上や横などに食べこぼしや汚れがつていいる場合が多いです。そのままにしておくと、菌が増えて不衛生です。机の上や横、イスの背もたれなどをぞうきんでふいて、気持ち良く使えるようにきれいにしましょう。

床・じゅうたん・ござの掃除・消毒

□床・じゅうたん・ござは、毎日掃除していますか?

●床やじゅうたんは、毎日掃除機をかけましょう（P.13・21・29・40～41参照）。

●遊びや食事で、ござを使った後はゴミを取り、必ず水ぶきしておきましょう。

●天気の良い日に干して、日光消毒をします。

階段・手すり・ドアノブの消毒

□階段・手すり・ドアノブは、消毒も行なっていますか？

- 階段にはほこりや鼻水・汗など、いろいろな物が落ちている可能性があります。毎日水ぶきをした後、エタノールをぞうきんに含ませてふき、消毒しましょう（P.40～41参照）。
- 手すりやドアノブを汚い手で触り、そのままにしておくと、衛生的に良くありません。子どもが鼻水のついた手で触っていることもあります。感染症などがはやっているときは、特に気を付けましょう。

エタノール

エタノール

水場の衛生管理

□水場やバケツに、水がたまったままになっていませんか？

- 水道や足洗い場など、水をためて使った後は、必ず中をからにしておきましょう。水がたまったままだと、カビが生えたりボウフラがわいたりして、衛生的にも良くありません（P.14・30参照）。
- 雨が降った後も要注意です。バケツや水槽などを園庭に出したままにしておくと雨水がたまり、蚊が発生します。
- 使ったらきれいにかたづけて、元に戻しておくことが予防の第一歩です。
- 水道の蛇口が上向きのままだと、蛇口に水がたまったままになります。

きちんと収納

蛇口は水がたまらないように

園庭・砂場の衛生管理

□園庭や砂場もチェックして、衛生的に管理していますか？

- 園庭の土や砂場は、子どもたちの大好きな場所ですが、イヌやネコが入り込み、おしっこやうんちをすることがよくあります。うんちと共に回虫が排出されると、土の中で成熟し、幼虫包蔵卵になります（P.44参照）。見つけたらすぐに取り除き、消毒液を掛けておきましょう。
- 砂場は定期的に掘り起こして、日光消毒をしておきましょう。
- 砂場にかごや用具入れを置きっぱなしにしておくと湿気がたまり、カビや虫が発生します。なるべく物を置かないようにしましょう。
- 子どもたちの降園後は、砂場にビニールシートを掛けたり、周りをネットで囲ったりして、ネコやイヌが砂場に入れないようにしておきましょう。

❸食中毒の予防意識を高めよう！☑

子どもは抵抗力が弱いため、大人と同じ物を食べても、子どもだけ発症したり、重症化したりすることもあります。調理前・食事前の手洗いとともに、食材の鮮度・調理方法を見極めて、しっかりと加熱することが大切です。

お弁当・給食・おやつ

毎日の食事やおやつを、楽しく安全に食べるために、しっかりとした衛生管理を心がけましょう。

□食べる前のうがい・手洗い・準備から、食べた後の掃除まで、きちんとできていますか？

- 子どもはうがいをして、せっけんで手を洗います（P.70～71参照）。
- インフルエンザなどがはやっている場合は、必要に応じてアルコール消毒もしましょう。
- 個別のタオルで手をふきます。
- 机をぞうきんで水ぶきし、必要に応じて消毒液でもふきます。
- 給食当番の子どもは、帽子・マスク・エプロンをつけます。
- 保育者は左記のことをやった後、使い捨て手袋をつけて給食の準備をします。
- 食後の机や床も、きれいに掃除しておきましょう（P.55参照）。

調理作業のポイント

自分たちでおやつを作ったりおもちをついたりして食べるときは、食材の鮮度や調理方法も確認しましょう。

WHO（世界保健機関）による、「食品をより安全にするための５つの鍵」
□①清潔に保つ　□②生の食品と加熱済み食品とを分ける　□③よく加熱する
□④安全な温度に保つ　□⑤安全な水と原材料を使う　を守りましょう。

●生鮮食品は、調理当日に仕入れます。鮮度（賞味期限・消費期限）や産地を確認しておきましょう。

●野菜・果物は水洗いをして、虫がついていないか、腐ったりカビが生えたりしていないか、確認しましょう。

●冷凍食品の解凍は冷蔵庫で行ない、再冷凍はしないようにしましょう。

●調理前につめを確認して、長ければ短く切りましょう。給食当番のときと同様の準備をします。

●包丁・まな板などは、用途・食品別に使い分けるか、そのつど洗剤で洗ってから使いましょう。

●調理の途中で作業場を離れたときは、必ずせっけんで手を洗いましょう。

●食材の中心まで火が通るように、しっかりと加熱調理をして（中心温度70℃で１分以上が目安）、冷やすときは速やかに冷却しましょう。

●常温で保存可能な物以外は、温かい物は60℃以上、冷たい物は５℃以下で保存して、調理後２時間以内に食べ切るようにしましょう。

●器具や容器などは、使用後洗剤で十分に洗って消毒し、しっかり水気を切ってからかたづけましょう。

❹食中毒の種類・症状・予防一覧表

食中毒を引き起こす菌・毒	原　因・特　徴
腸管出血性大腸菌(O-157)	原因…ベロ毒素という強い毒が、腸管を攻撃して破壊する。 特徴…熱に弱い。腸管から出血する。経口感染する。
ノロウイルス	原因…菌を持った生ガキを食べると、人間の腸内で増殖する。 特徴…熱に弱い。人から人に感染することもある。
カンピロバクター菌	原因…家畜や家禽類の腸管内に生息し、鶏肉の臓器や飲料水を汚染する。飲料水・生野菜・牛乳 特徴…少ない菌量でも発症する。
サルモネラ菌	原因…生肉・鶏肉・卵 特徴…腸内細菌のひとつ。現在約2200種が知られていて、そのうちの約100種くらいが食中毒を引き起こすといわれている。経口感染。
腸炎ビブリオ菌	原因…海に生息し、魚介類に感染する。刺身・すし・魚介加工品 特徴…真水・酸・加熱に弱い。
ボツリヌス菌	原因…土壌中や河川・動物の腸管など、自然界に生息する。缶詰・瓶詰・真空パック食品・レトルト類。乳児の場合はコーンシロップ・はちみつ 特徴…酸素のないところで増殖する。熱に強い芽胞を作る。毒性の強い神経毒を作る。発生は少ないが、一度発生すると重篤になる。
黄色ブドウ球菌	原因…人や動物に常在する。牛乳・クリーム・肉・ハム・ちくわ・弁当・おにぎり・和洋生菓子など 特徴…食品の中で増えるときに毒素(エンテロトキシン)を作り出す。毒素は熱に強く、100℃・30分の加熱でも分解されない。
セレウス菌	原因…自然界に生息し、毒素を生成する。食肉・野菜・弁当・ピラフ・パスタ・スープ 特徴…症状により、おう吐型と下痢型がある。
ウェルシュ菌	原因…土中や水中・元気な人の便の中に生息し、特にウシ・ニワトリ・魚の保菌率が高い。スープ・カレー・肉汁 特徴…空気がないところを好み、空気があると発育しない。煮沸しても死滅しない。
ナグビブリオ	原因…河川や沿岸部の海水に生息。マグロの刺身・カニ・エビ・生ガキなど。輸入された魚介類からの感染。 特徴…コレラ菌の仲間で、コレラ菌のいるところに必ずいる。腸の中で増殖を繰り返す。
エルシニア・エンテロコリチカ	原因…殺菌されていない井戸水・わき水、豚肉 特徴…冷蔵庫の中でも、菌は繁殖する。
動物の毒	フグが持つ、テトロドトキシン・サキシトキシン・パフトキシン、貝毒、ウナギやアナゴなどの血に含まれる、イクチオヘモトキシンなど。
植物の毒	毒キノコ・毒を持つ植物

食中毒の多くは、細菌が出した有害な物質を含んだ物を食べることで起こりますが、もともと有害な物質を含んでいる食べ物もあります。

※拡大コピーして保育室の見やすいところにはるなどして、常にチェックしましょう。

食後発症するまでの時間・主な症状	予　防　方　法
発症時間…２～９日 **主な症状**…激しい腹痛、血の混じった下痢便、発熱することもある。数回の下痢で、しぜんに治ることもある。５%の人が溶血性尿毒症症候群や脳症を引き起こし、死亡することもある。	生肉に使ったまな板を、そのままほかの食材に使用しない。 動物に触ったら、必ずせっけんで手を洗う。
発症時間…24～48時間 **主な症状**…おう吐・下痢・腹痛	体調が悪いときは、生ガキを食べない。 感染者に近づかない。
発症時間…１～７日 **主な症状**…発熱・頭痛・倦怠感・腹痛・下痢・血便	調理器具を熱湯消毒して、よく乾燥させる。 肉とほかの食品との接触を防ぐ。 食肉は十分に加熱する（65℃以上・数分）。
発症時間…６～72時間 **主な症状**…発熱・腹痛・おう吐・下痢	肉・卵は、十分に加熱する（75℃・１分以上）。 生卵は新鮮な物を食べる。
発症時間…８～24時間 **主な症状**…発熱・腹痛・おう吐・水性下痢	魚介類は真水で洗う。短時間でも冷蔵庫に保存して、菌の増殖を抑える。十分に加熱する（60℃・10分）。
発症時間…８～36時間 **主な症状**…吐き気・おう吐・便秘・脱力感・呼吸困難・筋力低下・視力低下	容器が膨張している缶詰や真空パック食品は食べない。 80℃で20分以上加熱すると、毒素が無害化できる。
発症時間…１～３時間 **主な症状**…腹痛・吐き気・おう吐・下痢	手洗いと調理器具の洗浄殺菌の徹底。 手荒れや化膿している場合は直接食品に触らない。 防虫・防鼠対策をする。
発症時間…おう吐型/30分～３時間、下痢型/８～16時間 **主な症状**…おう吐型/吐き気・おう吐、下痢型/腹痛・下痢	ごはん・めん類は作り置きしない。 穀類の食品は、調理後10℃以下で保存する。
発症時間…６～18時間 **主な症状**…腹痛・おう吐・下痢・腹部膨満感	スープを作るときは、浅い鍋でよくかき混ぜる。冷凍肉は、完全に解凍してから調理する。調理したら常温で放置せず、すぐ食べるようにする。保存するときは素早く冷やし、冷蔵庫（10℃以下）で保存する。
発症時間…５～12時間 **主な症状**…腹痛・水のような下痢・胃腸炎。おう吐・発熱を伴うこともある。	冷凍食品は、完全に解凍してから調理する。 魚介類はできるだけ加熱調理する。
発症時間…２～５日。 **主な症状**…発熱・おう吐・下痢。	豚肉を長期間保存しない。肉汁がほかの食品に掛からないようにする。生肉に使ったまな板を、そのままほかの食材に使用しない。食品は十分に加熱する（75℃・数分）。
テトロドトキシンの場合、20分～3時間で体のしびれ・おう吐・呼吸困難などの症状が現れる。急速に呼吸筋が麻痺して、24時間以内に死亡することが多い。	ふぐ調理師の免許や資格を持つ人が、正しく処理・調理した物を食べる。ウナギやアナゴは、加熱調理（60℃・５分以上）した物を食べる。
おう吐・下痢・けいれん・呼吸困難・麻痺など。 毒の種類によって異なる。命を落とすこともある。	不十分な知識で、山菜やキノコ狩りをしない。 採った植物を不用意に食べない。

※参考資料　厚生労働省：『正しく知ろう！「食」の安全　食中毒を防ぐ』　農林水産省：『食中毒をおこす細菌・ウイルス図鑑』　食品安全委員会：『食中毒予防について』

⑤マスクを正しく着用して、感染防止!☑

食事の準備や調理をする際も、せきやくしゃみが出ている場合も、必ずマスクを付けます。

くしゃみで飛沫は１～５m飛ぶといわれています。マスクを正しく着用して、飛沫が飛び散るのを防ぎましょう。

マスクの付け方

●できれば不織布の素材で、性能・サイズを確認する。

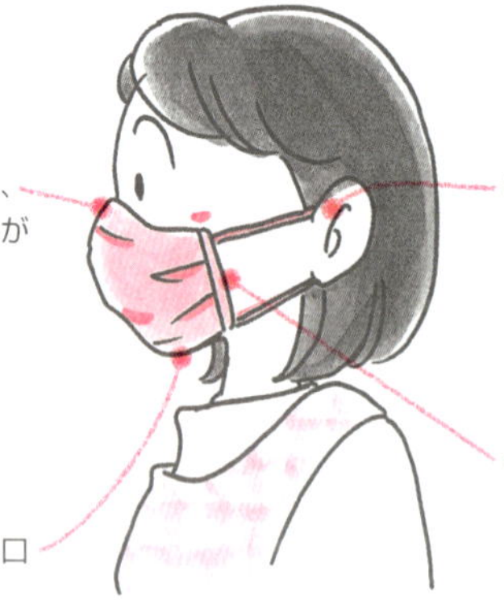

●鼻部分を鼻筋に合わせて、マスクと鼻の間にすき間ができないようにする。

●ゴムを耳にしっかりと掛けて固定させる。

●顔にピッタリと付くようにする。

●あごの下まで広げ、鼻と口を覆って調節する。

マスクの外し方

①表面を触らないように、片耳のゴムに指を引っ掛けて外す。

②反対側も、同様に外す。

③ゴムの部分を持ち、ポリ袋に入れて専用のゴミ箱に捨てる。

④せっけんで手を洗う。

※健康な人がマスクをしても、ウイルスの吸入を完全に防げるわけでありません。症状のある人が周囲の人に感染させないためのエチケットとして、マスクを使用しましょう。

※マスクの表面には病原体がついているかもしれないので、できるだけ触らないようにします。触った手で目をこすらないようにもしましょう。

予防マニュアルⅢ

子どもの「おかしいな?」要チェック!

予防マニュアルⅢ　子どもの「おかしいな?」要チェック!

❶健康観察で「いつもと違うな?」に気づけるように☑

朝の登園時、子どもの顔色や元気があるかなどをチェックします。体温・便の状態・睡眠時間・食欲なども、保護者からよく聞いておきましょう。

乳児の全身チェック!

※乳児はまだ、言葉で説明ができません。保育者が「あれ?おかしいな」という目が持てるようになると、子どもの異変にもすばやく気づいて対応できます。

目をチェック!

□目が赤い・目やにが出ている

□目がトロンとしている

顔をチェック!

□顔色が悪い

□顔がむくんだり、はれぼったかったりする

鼻をチェック!

□鼻水が出る

□くしゃみが出る

耳をチェック!

□痛がる

□耳だれがある

□耳をひんぱんに触る

口をチェック!

□口の中にブツブツができている

□舌が赤い

□唇の色が悪い

のどをチェック!

□痛がる

□声が出にくい

□せきが出る

胸をチェック!

□呼吸が苦しそう

□せきやぜんそくが見られる

おなかをチェック!

□張っている　□痛がる

皮膚をチェック!

□湿しんがある　□乾燥している

□水疱がある

□虫刺されのあとがはれている

□打撲がある　□傷がある

おしっこをチェック!

□回数・量・色・においがいつもと違う

うんちをチェック!

□量・色・におい・固さがいつもと違う

ようすをチェック!

□元気がない　□しんどそう

□きげんが悪い　□食欲がない

□体が熱い　□震えている

幼児の全身チェック!

※こんな症状が見られたら、子どもは体調を崩し始めています。経過観察をしたり、すぐに処置をしたりして、対応しましょう(P.68参照)。

顔をチェック!

□顔色が悪い
□顔がむくんだり、はれぼったかったりする

目をチェック!

□目が赤い・目やにが出ている
□目がトロンとしている

鼻をチェック!

□鼻水が出る
□くしゃみが出る

耳をチェック!

□痛がる
□耳だれがある
□耳をひんぱんに触る

口をチェック!

□口の中にブツブツができている
□舌が赤い
□唇の色が悪い

のどをチェック!

□痛がる
□声が出にくい
□せきが出る

胸をチェック!

□呼吸が苦しそう
□せきやぜんそくが見られる

皮膚をチェック!

□湿しんがある
□乾燥している
□水疱がある
□虫刺されのあとがはれている
□打撲がある
□傷がある

おなかをチェック!

□張っている　□痛がる

おしっこをチェック!

□回数・量・色・においがいつもと違う

ようすをチェック!

□元気がない　□しんどそう
□きげんが悪い　□食欲がない
□体が熱い　□震えている

うんちをチェック!

□量・色・におい・固さがいつもと違う

❷一日の活動でささいなしぐさも見逃さずに!☑

一日の保育の中で、子どもの状態がいつ変わるかわかりません。

ふだんから、子どもひとりひとりの状態をよく把握しておく必要があります。

登園

□毎朝健康観察をしていますか?

- 登園してくる子どもたちを門や保育室で迎えたときに、顔色・全体の雰囲気など、健康状態をチェックしましょう。
- 気になることがあったら、その場で保護者に確認しておきましょう。

排せつ

□おしっこやうんちに、気になるところはないですか?

- オムツ交換のとき、いつもよりおしっこの量が少ない・においが気になる・うんちが緩いなどの症状が見られたら気を付けましょう。ほかの保育者とも相談して、適切な対応をしていきます。

遊び

□元気のない子どもはいませんか?

- いつも元気に遊ぶ子どもが、座り込んでいたり、口数が少なかったりすると、健康状態が良くないのかもしれません。「どうしたの?」と、言葉をかけながら、優しく対応しましょう。

食事

□食欲はありますか?

● ミルクを飲む量が少ない・食欲がない・好きな献立のはずなのになかなか食べないなど、いつもと違う症状が見られたら、気を付けましょう。どこかぐあいが悪いかもしれません。

午睡

□体調を見極めて、適切な対応はできていますか?

● 睡眠中に泣いて目覚めたり、寒がったり震えたりしていたら、体調を崩しています。体温を計ってみて、熱があるようなら保護者に連絡します。

おやつ

□体調を見極めて、適切な対応はできていますか?

● 食欲がなく、午睡後もしんどそうにしているなどの状態が見られたら、気を付けましょう。午後の活動を控えて安静に過ごし、場合によっては保護者に連絡して迎えに来てもらいます。

降園

□保護者にきちんと伝えていますか?

● 子どものようすで気になったことがあれば保護者に伝えて、家庭でも気を付けてもらいましょう。

● 次に登園して来たときに、その後のようすはどうだったか、念のために確認します。

❸症状が見られたら、迅速・適切な対応を!☑

子どものようすがいつもと違うと感じたら、体温を計ったり話を聞いたりして、しばらくようすを見ていきましょう。熱が高い場合は、必ず保護者に連絡します。

「おかしいな?」と思ったら

□体温を計る →

- 子どもに話を聞く
- 全身をチェック（発しん・傷・目・鼻など）

□平熱もしくは微熱

- せきや鼻水の症状がある場合は、しばらくようすを見る。

□熱が高い →

- 保護者に連絡する。
- 園で待つ間、布団に寝かせて安静にする。
- 必要ならば、応急手当て・水分補給をする。
- 降園準備をする。

□感染症が疑われる

- 隔離して布団に寝かせ、保護者に連絡する。
- 園長・主任に報告して、水分補給をしながら、子どものようすを見る。
- 降園準備をする。

□保護者が迎えに来られたら

- 詳しくようすを伝える。
- 後で電話をかけたり、次に登園して来たときにその後のようすなどを聞いたりする。

□保護者が迎えに来られたら

- 詳しくようすを伝えて、病院へ行くように勧める（後で診断結果を聞く）。

予防マニュアルⅣ

子どもの生活、要チェック!

❶楽しく手洗いの習慣を身につけよう!

ふだんからていねいな手洗いをすることは、病気を予防する意味でも大切です。

親しみやすい『いとまき』の曲に合わせて、楽しくうたいながら、正しい手洗いのしかたを身につけましょう。

♬手洗いのうた♬(『いとまき』の替え歌)

作詞者不詳(替え歌詞：永井裕美)
デンマーク曲

1.て を あ ら お う て を あ ら お う き れ い に し ま しょう
2.つ め く る く る つ め く る く る ゆ び の あ い だ も
お や ゆ び に ぎっ て て く び も わす れず に

手洗いポスター

きれいに　てをあらおう!

①てをあらおう
てをあらおう

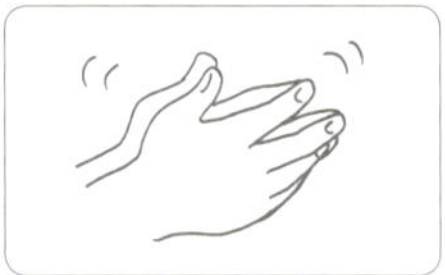

②きれいに
しましょう

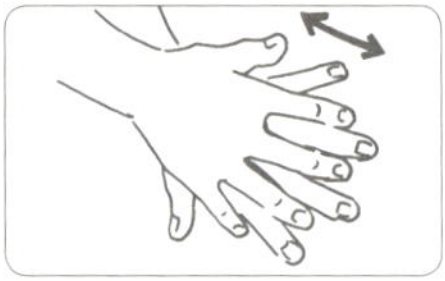

③つめくるくる
つめくるくる

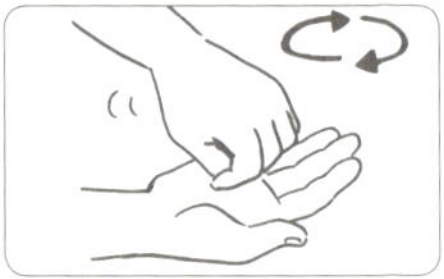

④ゆびの
あいだも

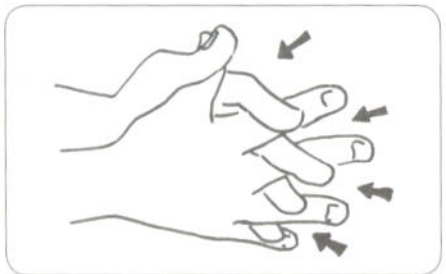

⑤おやゆび
にぎって

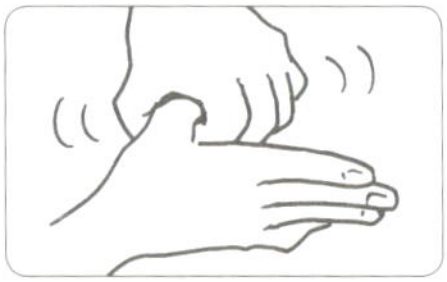

⑥てくびも
わすれずに

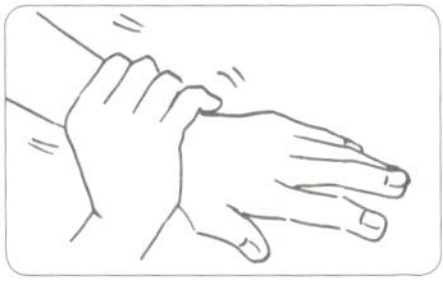

※拡大コピーして色を塗り、手洗い場の見やすいところにはっておきましょう(400%拡大で、Ａ３サイズになります)。

①てをあらおう　てをあらおう

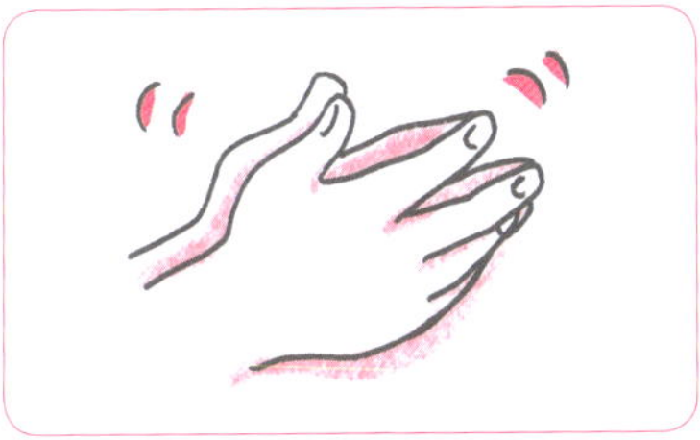

①せっけんをつけた両手のひらを合わせて、よくこする。

②きれいに　しましょう

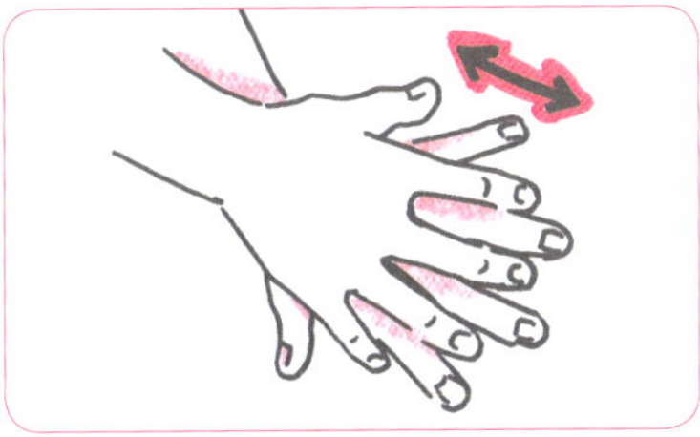

②手の甲の上にもう片方の手のひらを載せてこする。「きれいに」の後で手を入れ替えて、「しましょう」で反対側の手の甲をこする。

③つめくるくる　つめくるくる

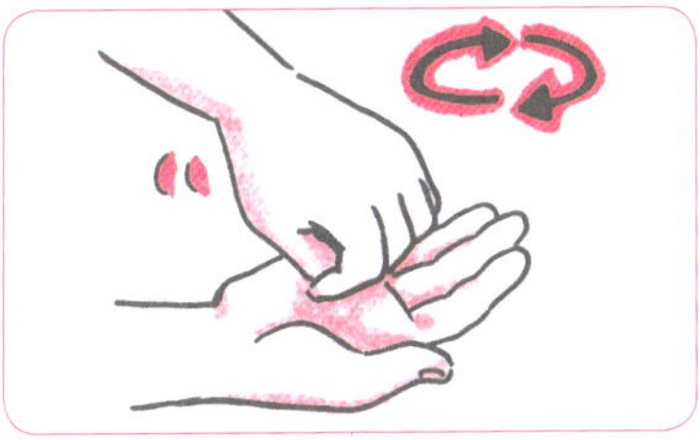

③手のひらを上に向けて、もう片方の手の指先をこする。反対側の指先も同様に洗う。

④ゆびの　あいだも

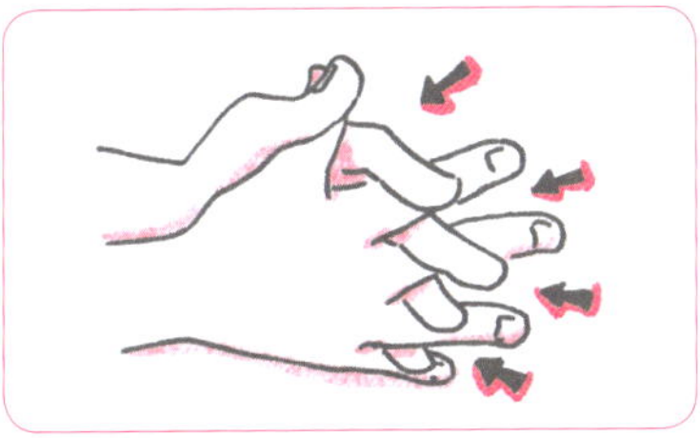

④両手の指を広げて組み合わせ、指の間をこすり合わせて洗う。

⑤おやゆび　にぎって

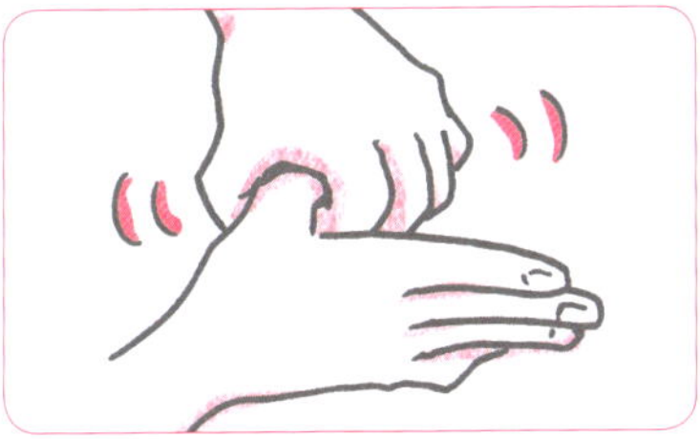

⑤親指をもう片方の手で握って、回すようにして洗う。「おやゆび」の後で手を入れ替えて、「にぎって」で反対側の親指も洗う。

⑥てくびも　わすれずに

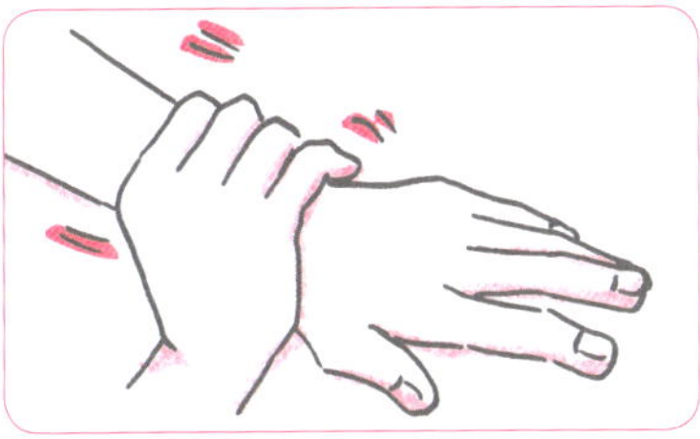

⑥手首をもう片方の手で握って洗う。「てくびも」の後で手を入れ替えて、「わすれずに」で反対側の手首も洗う。

❷楽しくうがいの習慣を身につけよう!

かぜなどの予防には、手洗いとともにしっかりとうがいをすることです。

食後やおやつの後にする「ブクブクうがい」と、遊んだ後や食事前にする「ガラガラうがい」を使い分けましましょう。

ブクブクうがいのしかた

①口に水を含んで閉じる。
※最初は保育者が、実際にひととおりやって見せてあげましょう。

ごっくん
しないでね

②片方のほおを膨らませる。
※子どものほおを指さしながら、交互に水を移動させることを知らせましょう。

まず片方で
ブクブク〜♪

③反対側に水を移動させ､「ブクブク」と繰り返す。

今度は
反対〜
ブクブク

④下を向いて水を吐き出す。

下を向いて
ペッ
ペ

ガラガラうがいのしかた

①口に水を含んで閉じ、上を向く。

②口を開けて、のどで水を「ガラガラ」させる。

ちょこっとアイデア

天井にかわいい目印

うがいをする場所が室内なら、目印として天井に動物のイラストなどをはっておき、それを見ながらガラガラうがいをしましょう。

どのくらい顔を上げたらよいのか目安になるとともに、のどの奥まで水が入り、しっかりとうがいができます。

ちょこっとアイデア

正しいうがいでかぜ予防

ブクブクうがいを1・2回した後、約10秒間のガラガラうがいを2・3回します。保育者が「ば・い・き・ん・さ・ん・は・さ・よ・う・な・ら」と、ゆっくり言ってあげると、それに合わせて10秒くらいがんばれます。

正しくうがいをすることでばい菌が逃げていき、かぜやインフルエンザの予防ができるということも知らせましょう。

❸正しい鼻のかみ方を覚えよう!

鼻水は、鼻から入った細菌やほこりを追い出そうとして出るものです。鼻水をためたままにしていると、耳や鼻の病気になります。

鼻水が出たらティッシュペーパーでふくようにして、正しい鼻のかみ方も伝えましょう。

鼻水をふく

●鼻水が出ていることを知らせて、ティッシュペーパーでふくように促す。

鼻水が出てるよ
きれいにふこうね

※乳児の鼻水が出ていたら、保育者が優しくふいてあげましょう。

鼻のかみ方

①保育者がティッシュペーパーを鼻に当て、片方ずつ鼻の穴を押さえる。鼻から息を出すようことばをかける。

こっちを押さえて
優しくふーんってしてね
ふーんっ!

②自分でティッシュペーパーを持ち、指で鼻の穴を片方ずつ押さえてかむ。

片方ずつマスター!

ちょこっとアイデア

正しく鼻をかまないと…

鼻水をかまずに吸っていると、鼻の奥に炎症物質がたまり、鼻炎や中耳炎の原因にもなります。また、鼻と耳は中でつながっていて、両方の鼻をいっしょにかんだり、かみ方が強すぎたりすると、圧力が掛かって耳に影響することもあります。

絵本やイラストを使って子どもたちに伝え、正しく鼻をかむことを促していきましょう。

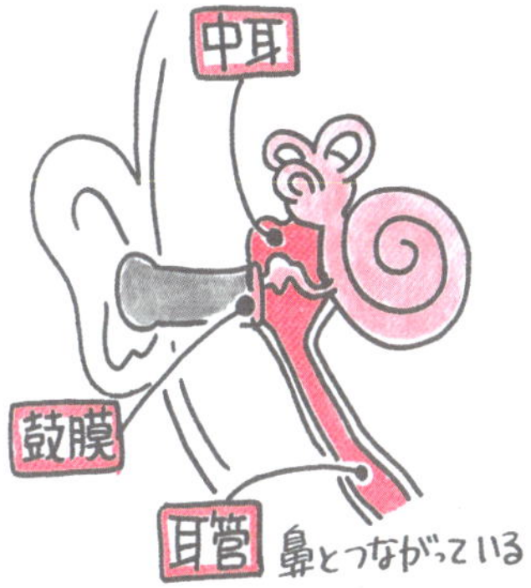

ちょこっとアイデア

乾燥しすぎるのを防ごう

室内が乾燥していると、鼻が詰まってだんだん息苦しくなり、鼻水が出ていても、自分で気が付きません。

加湿器を使ったり、ぬれタオルを掛けておいたりして、保育室が乾燥しすぎないようにしましょう。湿気があると、鼻の粘膜が正常に保たれて、細菌やほこりの侵入を防いでくれます。

ちょこっとアイデア

いつでもすぐにふけるように

自分のポケットティッシュがなくなったり、持ってくるのを忘れたりした子どもは、服のそででふこうとします。保育室や園庭（靴箱の上など）にティッシュペーパーを用意して、いつでも使えるようにしておきましょう。

鼻水をそででふかないことや、使ったティッシュペーパーはきちんとゴミ箱に捨てることも伝えます。

❹汗ふき・着替えの、意識・習慣を身につけよう!

暑いときや体を動かした後に汗をかいて、ふかずにそのまま過ごしていると、あせもになったりかぜをひいたりします。汗をかいたらタオルでふいたり、着替えたりしましょう。

汗をふく

●いつでもすぐに汗がふけるように、子どもたちがわかりやすい場所にタオル掛けを置いておく。

●暑い時季、乳児はもく浴をするなどして汗を流し、きれいにしてあげる。

※乳児はまだ体温調節がうまくできないので、あせもになりやすいです。もく浴後はしっかりとふいてあげるようにしましょう。

着替える

たっぷり汗をかいて服が湿っていたり、食事や遊びで服が汚れたりすることがあります。汚れた服を着替えると気持ちが良いということを知らせて、“気持ちが悪いから自分で着替える”という意識が持てるようにしましょう。

「みんなの体もきれいになって、喜んでいるね」などと、「きれいに」を意識したことばがけをして、子どもが「着替えてよかった」と思えるようにしていきましょう。

ちょこっとアイデア

いつでも使える着替えコーナー

保育室の一角に着替えコーナー（パーテーション・かご・ござなど）を用意しておくと、汗をかいたらすぐに着替えるという意識が高まっていきます。

ちょこっとアイデア

どうして汗をかくのかな？

運動するなどして体が熱くなると、体温を下げて調整するために汗をかきます。

子どもたちにイラストや絵本などを見せて、汗の役割を知らせていきましょう。自分の体に関心を持ちます。

たくさん汗をかいた後は、水分補給をするということも伝えましょう。

ちょこっとアイデア

汗をかきやすいのはどこかな？

汗の役割がわかったら、どんなときに汗をかくのかを話し合い、汗がよく出る体の場所を考えてみましょう。

実際にタオルを持って、汗をふくまねをして練習してみてもよいでしょう。

体の場所によって、汗のふき方が違うことを確認しましょう。

ちょこっとアイデア

汗をふかないとどうなるのかな？

汗をふかないでいると、夏はあせもが出たり、冬は汗が冷えてかぜをひきやすくなったりします。

あせもの写真を見せるなどして、視覚でも訴えて、汗をかいたらすぐにふくということを意識させましょう。

❺紫外線の浴びすぎに注意しよう！

最近の研究で、人は子どものうちに大量の紫外線を浴びていると考えられ、何十年もたってから健康状態に影響が現れてくることがわかってきました。戸外で活動するときは帽子をかぶり、夏場は日焼け止めをつけるなどしましょう。

帽子をかぶろう

紫外線の強さは、季節・天候・時刻・オゾン量の状態などによって変わり、一日の中では正午ごろ、季節では６～８月にもっとも強くなります。

園庭で遊ぶときや散歩に行くときは、必ず帽子をかぶるようにして、夏場は園庭に日陰をつくりましょう（P.35参照）。

紫外線の影響が考えられる症状

慢性 日焼け・紫外線角膜炎（雪目）・免疫機能低下など。

急性 皮膚のしわ・しみ・日光黒子《ほくろ》・良性腫瘍・前がん症（日光角化症・悪性黒子）・皮膚がん、目の白内障・翼状片など。

WHOの発表より

ＷＨＯ（世界保健機関）は、全世界的に子どもの紫外線対策の必要性を訴えています。

①子ども時代は細胞分裂も激しく、成長が盛んな時期で、大人よりも環境に対して敏感である。

②子ども時代（18歳未満）の日焼けは後年の皮膚がんや目のダメージ（特に白内障）発症のリスクを高める。

③生涯に浴びる紫外線量の大半は、18歳までに浴びる。

④紫外線被ばくは、免疫系の機能低下を引き起こす。

⑤子どもたちは室外で過ごす時間が多いため、太陽光を浴びる機会が多い。

❻気温に合わせて、衣服の調節ができるように

人の体は暑ければ汗を出し、寒ければ毛穴を閉じて体温を調節します。薄着のほうが動きやすく、気温の変化を敏感に感じ取れるようです。薄着の重ね着で、衣服を調節できるようにしましょう。

冬でも薄着の習慣づけ

寒くなると、どうしても保護者が厚着をさせて、モコモコした姿の子どもたちが増えてきますが、子どもは元気に走り回ることが大好きで、冬でもよく汗をかきます。厚手の服を1枚着ているだけだと、汗をかいても脱ぎ着ができず、体が冷えてかぜをひきやすくなります。

園では、下着や薄い長そでの服を重ね着するようにしましょう。そのほうが、衣服の調節がしやすくなります。

せんせい
おはよー
モコ
モコ

ちょこっとアイデア

マラソン・鬼ごっこでポッカポカ

戸外で元気に走ったり、集団遊びをしたりして、積極的に体を動かして温めましょう。厚着をしている子どもがいても、暑くなって服を脱ぎたいと思うようになります。

子ども自身が保護者に「あつい」と伝えることで、保護者の意識も変わっていきます。

いっぱい
あそんで
あついから
いらないの
そう?

ちょこっとアイデア

綿100%の下着を着よう!

肌着代わりにTシャツを着ていると、ゴワゴワして動きにくいです。綿100%の下着なら、機能的で保温性・吸湿性に優れています。下着を着ることで、服と服の間に体温で暖まった空気の層ができ、保温性がアップします。

また、体温を逃さないように首周りの締まった服を着て、ベストなども利用すると、腕が動かしやすく、胴体を暖めてくれます。

綿
100%

⑦早起き・早寝・朝ごはんの習慣を身につけよう!

朝起きて、ごはんを食べるところから一日がスタートします。

毎日の生活リズムを整えるためには、毎朝決まった時間に早起きすることが大切です。

早起きの勧め

人間の生体リズムは、一日25時間サイクルです。毎朝目に太陽の光を感じることで、体内時計が働き始め、睡眠から覚醒し、体温やホルモンの分泌リズムを整え、生体リズムを24時間に調節しています。起きる時間がバラバラだと、リセット時間が狂ってしまい、ぼんやりする・疲れやすい・遊びに集中できない・脳の発育が阻害されるなどの症状が現れます。毎朝決まった時間に早起きしましょう。

夜は早く寝よう!

睡眠中の子どもの脳からは、いろいろなホルモンが分泌されています。成長ホルモンは、夜眠りについてから４～５時間分泌され、特に23時～２時の間は、集中的に分泌されます。毎晩早く寝ると、成長ホルモンがたくさん分泌され、子どもの成長を促進します。

夜遅くまでテレビを見ないようにする、活発な活動を控えるなど、早寝を心がけて、生活リズムを整えていきましょう。

毎朝しっかり朝ごはん

朝ごはんを食べると体温が上がり始め、体は一日の準備運動を始めます。人間は寝ている間でもエネルギーを消費しています。朝ごはんを食べることで、就寝中に使われたエネルギーと栄養素、午前中に使うためのエネルギーや栄養素を補充することができます。

また、脳で使われるエネルギーはブドウ糖から補充されますが、肝臓に蓄えられているブドウ糖は12時間分しかありません。

さらに、朝ごはんを食べることで、排便のリズムもつくられます。朝ご飯をしっかり食べて、午前中元気に遊べるようにしましょう。

救急マニュアル

Ⅰ　ケガの手当て・対応
Ⅱ　症状別の手当て・対応
Ⅲ　感染症の症状・対応
Ⅳ　その他の病気の症状・対応

すり傷・切り傷

応急手当て

①傷口を流水で洗い、泥や砂・ごみなどを流す。
②傷口が開かないように、ばんそうこうや専用の傷パッドで覆う(ひどい場合は消毒をする)。
③出血していれば、清潔なガーゼなどで押さえて圧迫する(P.153参照)。

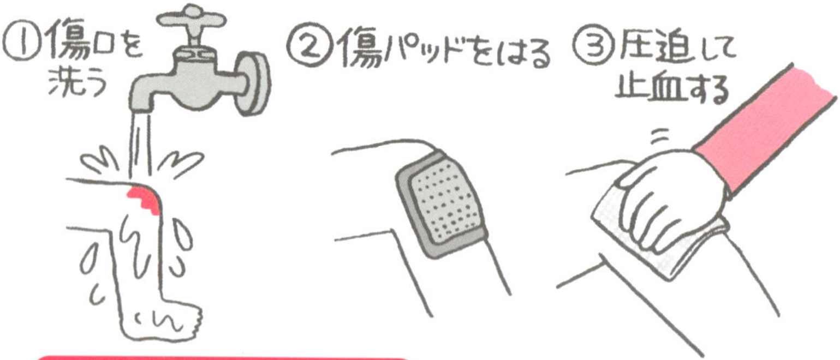
①傷口を洗う
②傷パッドをはる
③圧迫して止血する

ひどいとき・緊急を要するとき

□ひどく痛がる
□傷口がジクジクしている
□傷口に入ったガラスや小石などが取れない
□傷口が開いていたり深かったりする
▶ 病院へ

□出血がひどくて止まらない ▶ すぐに救急車を!!

起こりやすい状況と予防

園でいちばん多いケガです。遊具の安全点検・かたづけの習慣づけ・子どもの目線でのチェックをして、子どもが安心して、楽しく過ごせるようにします。

いつでも適切な対応ができるように備えておきましょう(P.153参照)。

保護者へフォロー

ささいなケガでも、保護者には必ず起きた状況やケガの状態を報告しておきましょう。

とげが刺さった

棚のささくれ
えほん

応急手当て

①消毒した毛抜きやピンセットを使ってとげを抜く。
②傷口を洗って、中の汚れを出す。
③ばんそうこうをはる。

①とげを抜く
必ず消毒する
②傷口を洗う
③ばんそうこうをはる

ひどいとき・緊急を要するとき

- □深く刺さっていたり、刺さったまま抜けなかったりする（無理に抜かない）
- □汚れた場所・状況で刺さった
- □傷口が赤くはれて化のうしてきた
- □出血がなかなか止まらない
- □破傷風の予防接種を受けていない

▶ **病院へ**

起こりやすい状況と予防

子どもはいろんな場所を探険したがり、危険を顧みずに進んでいくことを認識しておきましょう。

日ごろから園内の安全点検をして、危険な物は排除しておきます。ケガが起きたら、その原因を究明しましょう。

保護者へ
フォロー

園で起きた状況を説明して、ばんそうこうが取れたら傷の状態を確認してもらいましょう。

かみつき・引っかき傷

ガリッ
ガブッ

応急手当て

①傷口を流水で洗う。
②患部にばんそうこうをはる（傷口がひどい場合は消毒をする）。
③かまれて歯形が残っていれば、患部を氷などで冷やす。
④傷口が深かったり出血量が多かったりするときは、清潔なガーゼを当てて止血する（P.153参照）。

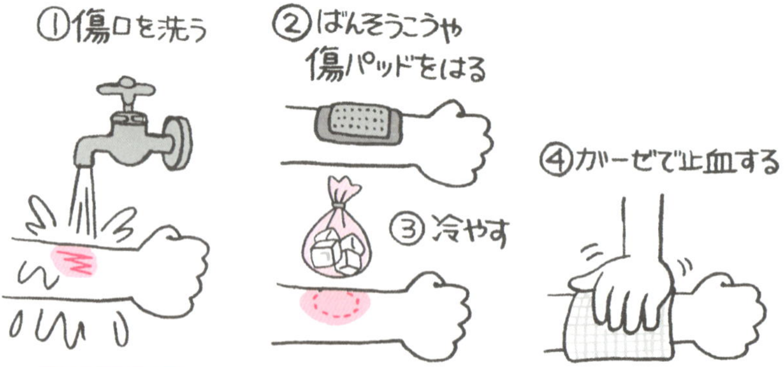
①傷口を洗う
②ばんそうこうや傷パッドをはる
③冷やす
④ガーゼで止血する

ひどいとき・緊急を要するとき

□傷口が深い	▶病院へ
□出血がひどくて止まらない	▶すぐに救急車を!!

起こりやすい状況と予防

子どもたちのトラブルで、まだ言葉がうまく話せず、気持ちのコントロールも難しい乳児によく見られるのが、かみつきや引っかきです。

また、物などで引っかき傷ができることもありますので、注意しましょう。

保護者へフォロー

双方の保護者に対して、トラブルが起きた状況と、処置の内容を知らせましょう。

頭を強くぶつけた

応急手当て

①すぐに泣き、特に変わったようすがなければひと安心。
②安静にしてようすを見る。
③出血していれば清潔なガーゼを当てて止血をし、こぶができていたら冷やす。
④吐き気がなく、きげんが良ければだいじょうぶ。
※ショック状態の場合は、毛布やバスタオルで体をくるみ、静かに寝かせます。
※意識がない場合は救急車を呼び、気道確保します。呼吸停止の場合は人工呼吸も行ないます(P.154参照)。

ひどいとき・緊急を要するとき

□打ったところがへこんだり、ブヨブヨしたりしている
□顔色が悪い　□耳・鼻から出血した
□食欲がない　□2回以上吐いた　□眠たがる
□ボーッとしている、反応が鈍い　□ショック状態
▶病院へ

□ぶつけた後、けいれんを起こした
□意識不明　□呼吸停止
▶すぐに救急車を!!

起こりやすい状況と予防

子どもはひとつのことに夢中になり、目の前の危険をよけきれず、友達同士で頭をぶつけたり、自分から物にぶつかったり、物が落ちてきたりと、いろいろなことが考えられます。日ごろから常に安全点検をしましょう。

保護者へフォロー

症状がひどい場合はすぐに連絡を取り、状況を説明して、いっしょに病院へ行きましょう。

鼻　血

ダラー

応急手当て

①少し前かがみになり、小鼻を両側からつまむ。
②しばらくそのままの姿勢で、出血が止まるのを待つ。
③血が止まらなければ、脱脂綿を固く丸めて詰める（奥まで詰めない）。
④ぬれタオルなどで冷やす。
⑤口の中に血が回っている場合は吐き出す。
※上を向いて寝転ばせたり、首の後ろをたたいたりしないようにしましょう。
※横になる場合は、鼻血が出ているほうの鼻を下にします。
※血を見てパニックにならないように、子どもを安心させましょう。
※環境の見直しや暖房の温度、遊ぶ上でのルールなど、常に確認しましょう。

①②前かがみで
小鼻をつまむ
③
止まらなければ
脱脂綿を詰める
④冷やす
ぬれタオル

ひどいとき・緊急を要するとき

□出血が10分以上止まらない　▶病院へ

起こりやすい状況と予防

鼻の入り口付近は細かい血管がたくさんあり、ぶつけたり鼻をほじったり、かぜ気味だったりなど、ちょっとしたことで鼻血が出ます。

保護者へフォロー

鼻血が出た状況を知らせて、鼻を触ったりかんだりするときは気をつけてもらいましょう。

打　撲

手足の応急手当て

①傷があるときは流水で洗う。
②清潔なガーゼを当てて傷を保護する。
③その上から冷やす。

傷を保護し
冷やす

おなかの応急手当て

①衣服を緩め、楽な姿勢で寝かせる。
②痛みが治まり、歩けるようになったらまずはだいじょうぶ。

楽な姿勢に

胸の応急手当て

①圧迫しないよう、壁にもたれ掛けさせる。
②呼吸が楽になるようにする。
※安静に過ごし、おふろは控えます。

★胸を圧迫しない
呼吸楽に

ひどいとき・緊急を要するとき

□顔色が青ざめている　□ぐったりして激しく泣く
□打ったところが大きくはれている　□出血している
□血尿や黒いうんちが出た　□骨折や脱臼の疑いがある
□しだいに食欲がなくなり、吐いた
▶ 病院へ

□意識不明　□呼吸困難
▶ すぐに救急車を!!

起こりやすい状況と予防

子どもたちはよく動くので、知らない間に打ち身ができていることがよくあります。安全対策をしていても、転んだりぶつかったりすることもあります。
状況に応じて、適切な処置ができるようにしましょう。

保護者へフォロー

ひどい打撲の場合はすぐに連絡を取り、状況を説明して、いっしょに病院へ行きましょう。

ねんざ・脱臼《きゅう》

ねんざの応急手当て

①氷のうや冷却パックなどで冷やす。
②関節が動かないように添え木を当てて、包帯や三角きんで固定する(P.153参照)。
③さらにその上から冷やす。

脱臼の応急手当て

①どこを脱臼しているか、確認する。
②病院に行くまで、関節が動かないように添え木を当てて固定する。
③その上から冷やす。

ひどいとき・緊急を要するとき

□関節がはれたり変形したりしている
□ひどく痛がって泣く
□腕をダラリと下ろしたまま動かせない

▶ 病院へ

起こりやすい状況と予防

子どもは力いっぱい押したり引っ張ったりして全力で動くので、よく足が絡まったり引っ掛かったりします。症状を見て、適切に処置できるようにしましょう。

強く引っ張らないことなどを、子どもたちにも伝えておきましょう。

保護者へフォロー

起こった状況を説明して、いっしょに病院へ行きます。運動は控えるように伝えましょう。

骨　折

応急手当て

①傷口を流水で洗う。
②出血している場合は、清潔なガーゼなどで押さえて止血する。
③患部に添え木を当て、包帯や三角きんで固定し(P.153参照)、はれている場合は冷やす。

※添え木は、傘・ものさし・ペン・鉛筆・割りばしなどでも代用できます。
※応急手当てをして、必ず病院へ行きましょう。

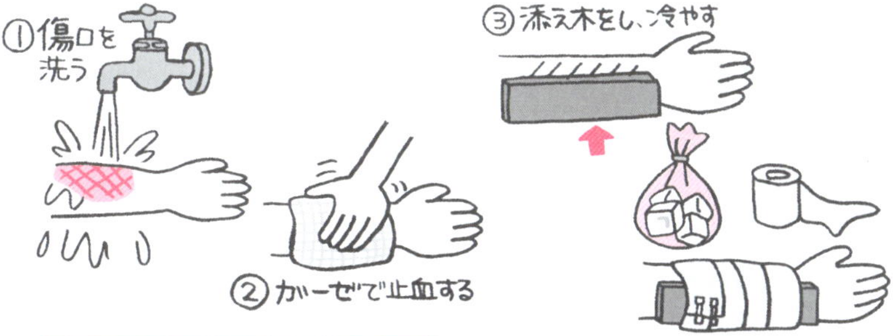

ひどいとき・緊急を要するとき

- □転んだ後立ち上がれない
- □軽く触っただけで痛がり、泣き続ける
- □動かすことができない
- □患部がはれて変形している
- □内出血をして、青黒くはれてきた

▶ 病院へ

起こりやすい状況と予防

子どもは転びやすく、力の加減がうまく調節できません。

ひびが入っている場合は、打撲と見分けがつきにくいことがあります。いざというとき、適切な処置ができるようにしましょう。

保護者へフォロー

状況を説明して、いっしょに病院へ行きます。その後安心して遊べるように配慮しましょう。

目に当たった・異物

応急手当て

①水道水で目を洗う。
②軽く目を閉じて、涙といっしょにゴミが出てくるのを待つ。
③異物が取れない場合は、洗面器に水を入れて顔をつけたり、水をいっぱい入れたコップを目に押しつけたりしておいて、目をパチパチさせる。

①目を洗う
②涙といっしょにゴミを出す
③水の中で目をパチパチ

ひどいとき・緊急を要するとき

□異物が取れない　□傷がついている　□目を突いた
□目に異物が刺さっている　□充血している
□痛くて目が開けられない　□化学薬品が入った
▶病院へ

□鋭い物が刺さった　▶すぐに救急車を!!

起こりやすい状況と予防

風の強い日は、特に注意が必要です。目にゴミが入ったらこすらない、汚い手で目の周りを触らないなど、日ごろから子どもたちと約束しておきましょう。

毎日掃除をして、できるだけほこりやゴミがたまらないようにします。

保護者へフォロー

園での状況を説明して、病院へ行く場合は、いっしょに行ってもらいましょう。

鼻・耳に異物

鼻に入ったときの応急手当て

①詰まっていないほうの鼻の穴を押さえて、口を閉じる。
②強めに鼻をかませる。
③こよりなどでくすぐり、くしゃみをさせる。

耳に水が入ったときの応急手当て

乳児…水が入ったほうの耳にタオルを当てて下に向け、反対側の耳のあたりを軽くたたく。
幼児…水が入ったほうの耳を下にして顔を傾け、片足で跳びはねる。

耳に虫が入ったときの応急手当て

①懐中電灯を当てて、虫を誘い出す。
②無理なら、少量のベビーオイルやオリーブオイルを耳に垂らして、虫を窒息させる。
※虫は耳鼻科で取ってもらいます。

ひどいとき・緊急を要するとき

□異物が取れない　□痛がって泣く
□処置をした後もきげんが悪い　□耳だれや出血がある
▶ 病院へ

起こりやすい状況と予防

遊んでいるとき、ふざけて鼻や耳に物を入れたり、虫が入ったりなど、いろいろな状況が考えられます。
乳児がいる場合は特に、細かい物を管理する場所を、再度確認しましょう。

保護者へフォロー

園での状況を説明して、家庭でも異常がないか、しばらくようすを見てもらいましょう。

指・つめのケガ

つめがはがれたときの応急手当て

①傷口を流水で洗う。
②はがれたつめがある場合は元に戻す。
③その上からガーゼを当てて包帯を巻く。

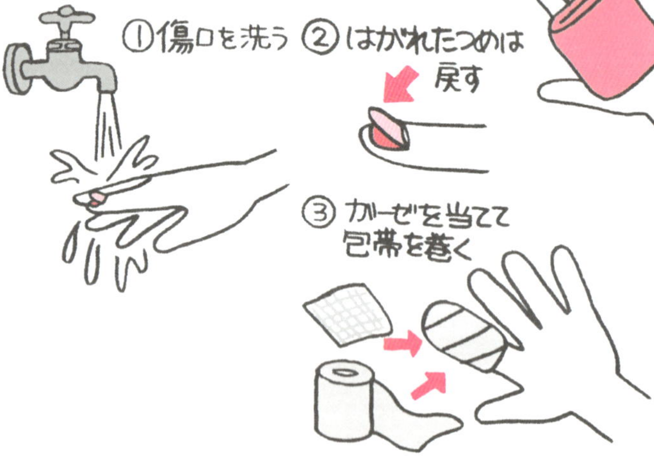

突き指の応急手当て

冷たいタオルなどで冷やす。

ひどいとき・緊急を要するとき

□つめがはがれた　□激しく泣き続ける
□手や指がはれている
□挟んだ部分が青黒くなってきた

▶ 病院へ

起こりやすい状況と予防

人が生活する中で、もっともよく使い、ケガをすることも多い体の部位です。指先にはたくさんの神経があり、少しケガをしただけでも痛みます。

つめを定期的に切り、指を挟みやすい場所や扉などの点検もしましょう。

保護者へフォロー

起きた状況や処置した内容を説明して、指を無理に動かさないように伝えましょう。

誤飲・のどに詰めた

誤飲の応急手当て

①何を誤飲したか確認する。
②口の中に残った物があれば出す。
③すぐに吐かせるが、吐かせてはいけない場合もあるので、中毒110番（※下記参照）などで確認する。

乳児…頭が下になるよう逆さまにして、背中の上のほうをたたく。
幼児…後ろから抱きかかえて、おなかの上の方を圧迫する。

乳児

幼児

のどに詰めたときの応急手当て

①意識があるか確認する。
②口の中に異物があれば取る。
③吐かせて、気道内の異物を取る（誤飲③と同様）。
④③でも出なければあおむけにして、肋骨の下に両手を当てて下（背中）に向けて力を入れ、胸の外側から中に向かって圧迫する。

※中毒110番
つくば/☎029-852-9999（年中無休・9～21時受付）
大　阪/☎072-727-2499（年中無休・24時間受付）
いずれも相談は無料（財）日本中毒情報センター）

ひどいとき・緊急を要するとき

□顔色が真っ青　□目を白黒させる
□けいれん　□呼吸困難　□意識不明

▶すぐに救急車を!!

起こりやすい状況と予防

乳児にとって、興味のある物を触ったりなめたり、口に入れたりすることはしぜんなことです。

誤飲チェッカーなどで危険な大きさを把握しておき、乳児の行動範囲に、小さな物を置かないようにしましょう。

保護者へフォロー

すぐに連絡を取って状況を説明します。心配な場合は、病院に行ってもらいましょう。

虫刺され

蚊《か》に刺されたときの応急手当て

①流水で洗い、冷やす。
②ばんそうこうなどをはっておくと、かゆくてかいてしまうのを防ぐことができる。

ハチに刺されたときの応急手当て

①消毒した毛抜きなどで針を抜く。
②周りを指で押して、毒を絞り出す。
③流水で洗う。
④ショック状態がないか、経過観察をする。

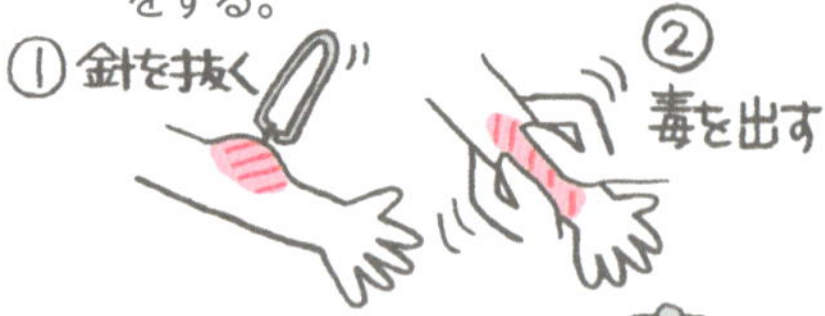

ケムシに刺されたときの応急手当て

①流水で洗い流し、粘着テープなどで残っている毛を取る。
②かゆみが激しいときは冷やす。

ひどいとき・緊急を要するとき

□赤くはれあがり、痛がる
□大量に刺された　□ハチに刺された
▶ 病院へ

□顔色が真っ青　□おう吐　□ショック状態
□呼吸困難　□意識不明
▶ すぐに救急車を!!

起こりやすい状況と予防

何に刺されたかで症状が違います。状況を見て対処しましょう。かきむしると細菌に感染して、とびひになります。

水をためておかない、虫除けグッズを利用するなど、周りの環境も見直してみましょう。

保護者へフォロー

病院へ行く場合はすぐに連絡を取り、いっしょに行ってもらいましょう。

やけど

あちっ

応急手当て

①痛みがなくなるまで、流水または洗面器にためた冷たい水で冷やす。
②服の上から熱湯などが掛かった場合は、服を着たまま水で冷やす。
③水疱ができていたら、ガーゼなどで覆い、つぶさないようにする。
※薬を塗らないようにします。

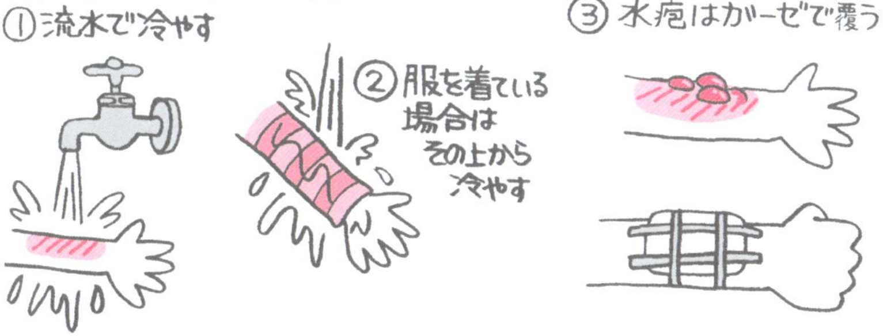
①流水で冷やす
②服を着ている場合はその上から冷やす
③水疱はガーゼで覆う

ひどいとき・緊急を要するとき

- □皮膚が白く、皮がむけている　□水疱ができた
- □化のうしてジュクジュクしている　□低温やけどをした
- □やけどの範囲が、本人の手のひら以上の大きさ
- □顔・鼻・目・口・局部のやけど
- □やけどをしたか所に、衣類がくっついている

▶ **病院へ**

- □体の面積の10%以上の範囲をやけど(本人の手のひらの面積が、約1%の目安)

▶ **すぐに救急車を!!**

起こりやすい状況と予防

冬場は特に、やけどにつながるような物がたくさんあります。周りの環境や子どもの状況に気を配りましょう。

やけどをしたらすぐに流水で冷やして、適切な処置をしましょう。

保護者へフォロー

園での状況を説明し、病院へ行く場合はいっしょに行ってもらいましょう。

熱中症

応急手当て

①衣服を緩めて、涼しいところに寝かせる。
②足を少し高めにする。
③頭・わきの下・ももの付け根など、動脈が集中するところを冷やす。
④薄めたスポーツドリンクなどで、水分と塩分を補給する。

ひどいとき・緊急を要するとき

□唇や皮膚が乾いている
□顔色が青白く、生あくびをする
□おでこ・脇の下・耳を触ると熱い
□戸外で元気に遊んでいたが、突然グッタリした
□おしっこが出ない　□汗が出ない　□おう吐する

▶ 病院へ

□水分補給できない　□けいれん　□意識不明 ▶ すぐに救急車を!!

起こりやすい状況と予防

子どもは体温調節の機能が未熟です。帽子をかぶり涼しいところで遊ぶ、休憩を取る、水分補給をする、園内に陰をつくる、風通しを良くするなど、暑さ対策をして、安心して遊べるようにしましょう。

園でのようすを知らせて、家庭で静かに過ごすように伝えましょう。

おぼれた

応急手当て

①意識があるか、水をあまり飲んでいないかを確認する。
②服を着ていれば脱がせて、毛布などでくるんで体が冷えないようにする。
③頭を少し反らせて顔を横向きにし、ひざを少し曲げさせて寝かせる。
④しばらくようすを見て、心配なら病院へ行く。
※意識がない場合は救急車を呼び、気道確保します。呼吸停止の場合は人工呼吸も行ないます(P.154参照)。

ひどいとき・緊急を要するとき

□大量の水を飲んだ　□顔色が悪い
□意識がはっきりしない　□呼吸困難
□呼吸が止まる時間帯があった
▶ 病院へ

□意識不明　□呼吸が止まっている
□心臓が止まっている
▶ すぐに救急車を!!

起こりやすい状況と予防

プール以外にタライや洗面器などでも、水位が10cm以上あれば、顔をつけておぼれる可能性があります。

水遊びをするときは、子どもから目を離さないようにしましょう。

保護者へフォロー

すぐに連絡を取って状況を説明し、心配ならいっしょに病院へ行ってもらいましょう。

熱が高い

はぁ
はぁ

応急手当て

①体温を正しく計る(P.157参照)。
②寒気を感じている場合は、厚着させたり布団を掛けたりして温める。
③手足が熱いときは、わきの下やももの付け根などを冷やすと楽になる。
④汗をかいたら着替え、水分補給をする。

①体温を計る
②寒気→温める
③熱い→冷やす
④汗をふき、水分をとる
ピピッ
39.8℃
ブル
ブル

ひどいとき・緊急を要するとき

□無表情で元気がない　□一日中ウトウトしている
□呼吸が苦しそうで顔色が悪い　□おう吐・下痢
□水分補給ができず、おしっこが出ない(脱水症状)※P.157
□けいれんを起こした　□発しんが出ている
□チアノーゼ※P.157

▶ 病院へ

□意識不明　□呼吸困難　□異常行動　▶ **すぐに救急車を!!**

症状の見方と対応

子どもはよく熱を出します。元気があり、水分がとれているようなら、まずはだいじょうぶでしょう。

子どもの平熱を把握しておき、ふだんよりも1℃以上高いときは、発熱していると考えられます。

保護者へフォロー

高熱や感染症が疑われるときはすぐに連絡を取り、経過観察をしてようすを知らせます。

けいれん

ピクッ
ピクッ

応急手当て

①けいれんを起こしている時間を計る。
②顔を横向きにして、衣服を緩める。
③けいれん中、体のどの部分を動かしていたか、手足は突っ張っていたかなど、詳しく観察する。
④５分以内に治まったら、ひとまず安心できる(念のため医師の診断は受ける)。
※けいれん中、体を揺らしたり口に物を突っ込んだりしないようにしましょう。

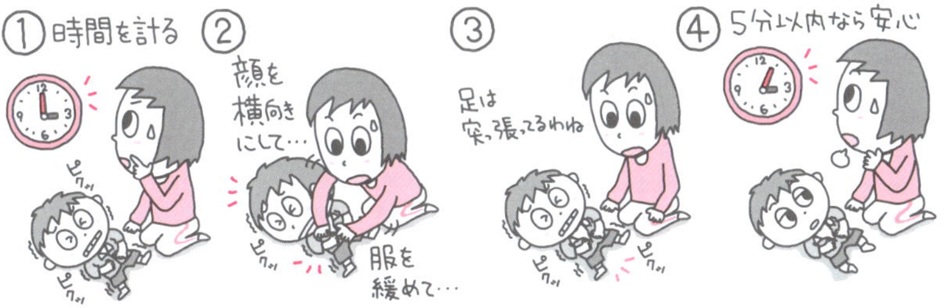
①時間を計る
②
顔を横向きにして…
服を緩めて…
③
足は突っ張ってるわね
④5分以内なら安心
ピクッ

ひどいとき・緊急を要するとき

□体の左右でけいれんに差がある　□５分以上続く
□頭を打っている　□何度もおう吐する
□体温が38℃以上ある(熱性けいれん)
□初めてけいれんを起こした
□てんかん(熱がないのにけいれんする)を持っている
▶ 病院へ

□意識が戻らない　□チアノーゼ ※P.157
□何度も繰り返しけいれんする
▶ すぐに救急車を!!

症状の見方と対応

けいれんの原因は、発熱(熱性けいれん)・泣きすぎ(憤怒《ふんぬ》けいれん)・ケガ・脳の病気など、いろいろ考えられます。

慌てずに落ち着いて観察・行動し、適切な処置をしましょう。

保護者へフォロー

すぐに連絡を取り、園でのようすを知らせ、病院へ行く場合はいっしょに行きましょう。

せきがひどい

ゴホッ
ゴホッ

応急手当て

①体温を計り（P.157参照）、せきのしかたなどを観察する。
②寝ている場合は、上半身を起こしたり高くしたりする。
③空気が乾燥しているときは加湿し、夏は冷房をかけすぎないようにする。
④のどが乾燥しないように、少しずつ水分補給をする。

①症状を把握
36.5℃
ゴホッ
ゴホッ
②上半身を起こす
ゴホッ
ゴホッ
③乾燥しているときは…
加湿
夏は…
クーラー
弱
④少しずつ水分をとる
コクッ
コクッ

ひどいとき・緊急を要するとき

□高熱を伴ったせきをしている　□ひどくせき込む
□せきといっしょに吐く　□突然目を白黒させる
□胸を痛がる　□イヌがほえるようなせきをする
□ゼイゼイと音をたてて呼吸する

▶ 病院へ

□呼吸困難　□チアノーゼ ※P.157

▶ すぐに救急車を!!

症状の見方と対応

　体質的なものもありますが、せきが出ていても元気に遊んでいれば、まずはだいじょうぶでしょう。
　どんなせきが出ているのか、長く続くのかなど、観察しながら見守りましょう。

保護者へフォロー

園でのようすを知らせて、しんどそうなら、病院へ連れて行ってもらいましょう。

おなかが痛い

応急手当て

①トイレに連れて行き、うんちをさせてみる。
②出なければ、水分を与えてみる。出ればだいじょうぶ。
③静かに休ませて、必要ならおなかなどをさすってあげる。

ひどいとき・緊急を要するとき

- □ひどい血便が出た
- □おなかを激しくぶつけた
- □おなかがパンパンに膨れている
- □触ると痛がる
- □またの付け根や陰嚢《いんのう》を痛がる

▶ 病院へ

症状の見方と対応

ふだんから、便意をがまんしないでトイレに行けるようにします。一度生活リズムを見直してみましょう。

ほかの症状が見られないときは、便秘や精神的な原因が考えられます。

保護者へフォロー

園でのようすを知らせましょう。便秘が続いているかどうかの確認もしておきます。

下　痢

応急手当て

①うんちの状態（色・硬さ・血の有無）を確認する。
②おしりを清潔に保つ。
③せっけんで手を洗う。
④少しずつ水分補給をする。

ひどいとき・緊急を要するとき

□下痢・おう吐が激しい　□体温が38℃以上ある
□血便が出た
□水分補給ができず、おしっこの量や回数が少ない
□ぐったりしていてきげんが悪い
▶ 病院へ

☞P.157
□チアノーゼ　□けいれんを起こした　▶ すぐに救急車を!!

症状の見方と対応

子どもが軽い下痢になることはよくありますし、下痢になりやすい子どももいます。ひとりひとりのふだんのようすを把握しておきましょう。

保護者へフォロー

降園時に、その日のようすと便の状態を知らせておきましょう。

おう吐

うえっ

応急手当て

①吐いた後は口の中をすすぐ。
②服が汚れたら着替える。
③吐いても気分が優れないときは、気管に入らないよう、横向きに寝て休む。
④１～２時間くらいたって落ち着いたら、少しずつ水分補給をする。

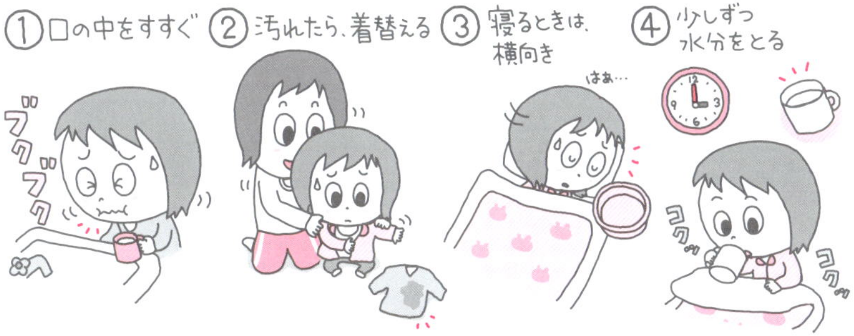
①口の中をすすぐ
②汚れたら、着替える
③寝るときは、横向き
④少しずつ水分をとる
ブクブク
はぁ…
コク
コク

ひどいとき・緊急を要するとき

□何度もおう吐を繰り返す　□激しい腹痛がする
□血や胆汁を吐く　□頭を痛がる　□けいれん
□体を激しくぶつけた後に吐いた　□ぼんやりしている
□下痢が続いている　□発熱　□顔色が悪い
▶ 病院へ

□ひどい血便　□無表情　□ウトウトする ▶ **すぐに救急車を!!**

症状の見方と対応

子どもは、食べすぎ・飲みすぎ・せき込み・激しく泣いた後など、ちょっとしたことで吐くことがよくあります。そのときの状況を把握しておきましょう。

病気を伴う場合は、周りへの感染に気をつけて対応しましょう。

保護者へフォロー

園でのようすを知らせて、感染症や病気が疑われる場合は、病院へ行ってもらいましょう。

皮膚のブツブツ

応急手当て

①体温を計り（P.157参照）、どこに発しんが出ているか、全身を見て確認する。
②痛みやかゆみがあるか確認する。
③感染症[※108]の疑いがあれば、ほかの子どもたちから隔離して、保護者に連絡する。
④あせも（P.135参照）・じんましんは、冷たいタオルなどで冷やす。
※アレルギーの場合は、P.134参照。

ひどいとき・緊急を要するとき

□感染症の疑いがある（保護者に連れて行ってもらって）▶ 病院へ

□アナフィラキシーショック[※P.150] ▶ すぐに救急車を!!

症状の見方と対応

　発しんには、感染症も含めていろいろな原因が考えられます。はやっている病気・食物アレルギー・じんましん・あせもなど、症状に合わせて対処しましょう。
　かゆみ・痛みが悪化するので汗をかかないようにし、肌を清潔に保ちましょう。

感染症以外の場合は園でのようすを知らせて、その後、家庭でのようすも聞きましょう。

頭が痛い

応急手当て

①頭痛以外に症状がないか、ようすを見る。
②頭がズキズキ痛む場合は、冷却シートや氷のうなどでこめかみを冷やす。
③頭全体が締め付けられるように痛む場合は、湯たんぽなどで後頭部を温める。
④かぜによる頭痛の場合は、安静に過ごすようにする。

①ほかの症状を確認
う〜
②ズキズキ
こめかみを冷やす
③グリグリグリ
後頭部を温める
④かぜの場合は…安静に

ひどいとき・緊急を要するとき

□おう吐・下痢の症状がある
□耳・鼻を痛がる　□手足がしびれる
□意識障害　□うまく話せない
▶ 病院へ

□けいれんが続く　▶ すぐに救急車を!!

症状の見方と対応

子どもは、どこがどう痛いのかを伝えるのが難しいです。指で押さえながら、「ここは？」などと確認してあげましょう。

また、気持ちが落ち着くように、ことばがけや援助をしていきましょう。精神的な原因も考えられます。

保護者へフォロー

症状がひどい場合は急いで連絡を取り、いっしょに病院に行きましょう。

おしっこが出ない（主に乳児）

サラッ

応急手当て

①おしっこの回数や量を確認し、気づいたこともいっしょに記録しておく。
②水分補給をしながら、しばらくようすを見る。

①ようすを見る
半日たっても
おしっこ出てないわ
サラッ

②水分をとる
ちゃんと
飲んでるわね
チュパッ
チュパッ

ひどいとき・緊急を要するとき

□おしっこの量が少なく、おう吐・下痢を繰り返す
□むくみがある
□発熱している
□おしっこの色が赤っぽい

▶ 病院へ

症状の見方と対応

おしっこの量や回数には個人差があり、季節や環境の変化によっても違ってきます。その子どもの状態を把握して、対処しましょう。

乳児の場合、半日以上オムツがぬれていなければ、脱水症状※P.157の危険があります。

保護者へ
フォロー

園でのようすを知らせて、オムツ交換のとき、確認しながらようすを見てもらいましょう。

うんちがおかしい（乳児）

応急手当て

◯うんちの状態を把握して、経過観察する。

※デジタルカメラなどで写真を撮って、日付・メモとともに記録しておいてもよいでしょう。

うんちの状態を記録
○○ちゃん
○月×日
AM11:00
やや
赤色
○月×日
PM3:00
赤色

ひどいとき・緊急を要するとき

- □イチゴジャムのようなうんち
- □赤っぽいうんちが続いている
- □白または薄黄色のうんちが続いている
- □発熱していて、食欲不振
- □苦しがって、ぐったりしている
- □顔色が悪い　□泣き続ける

▶ 病院へ

症状の見方と対応

うんちが緑色・黄色・褐色なら、まずはだいじょうぶです。赤色・黒色・白色・薄黄色のうんちを繰り返すときは、注意しておきましょう。

便秘ぎみで苦しんでいるときは、おなかをさすってあげるなどしましょう。

保護者へフォロー

園での状態を知らせて、うんちの状態によっては病院へ連れて行ってもらいましょう。

感染症とは？

学校保健安全法施行規則（昭和33年6月13日文部省令第18号）第18条における感染症の種類より（最終改正：平成24年3月30日文部科学省令第11号）

■学校感染症一覧表

第一種感染症 (P.130・131)	●エボラ出血熱　●クリミア・コンゴ出血熱　●痘そう（天然痘） ●南米出血熱　●ペスト　●マールブルグ病　●ラッサ熱 ●急性灰《かい》白《はく》髄《ずい》炎（ポリオ）　●ジフテリア ●重症急性呼吸器症候群（病原体がコロナウイルス属ＳＡＲＳコロナウイルスであるものに限る） ●鳥インフルエンザ（病原体がインフルエンザウイルスＡ属インフルエンザＡウイルスであって、その血清亜型がH5N1であるものに限る） ●新型インフルエンザ等感染症　●指定感染症　●新感染症			
第二種感染症	病　名	潜伏期間	感染経路	出席停止期間
	●インフルエンザ （鳥インフルエンザ（H5N1）及び新型インフルエンザなどの感染症を除く）	1～2日	飛沫感染、接触感染	発症後５日を経過し、かつ、解熱後３日を経過するまで。
	●百日ぜき	7～14日	飛沫感染	特有のせきが消えるまで。または５日間の適正な抗菌性物質製剤による治療終了まで。
	●麻しん（はしか）	10～20日	飛沫感染（発しん前のせきが出始めたころが、もっとも感染力が強い）	解熱後３日を経過するまで。
	●流行性耳《じ》下《か》腺《せん》炎（おたふくかぜ）	14～24日	飛沫感染	耳下腺、顎下腺または舌下腺の腫れが出た後５日を経過し、かつ、全身状態が良好になるまで。
	●風しん	14～21日	飛沫感染、空気感染（発しんの出る数日前から出た後の５日間くらいまでは感染する）	発しんが消失するまで。
	●水痘（水ぼうそう）	14～21日	飛沫感染、空気感染、接触感染	すべての発しんが痂皮化（かさぶた）するまで。
	●咽頭結膜熱（プール熱）	1週間前後	飛沫感染、接触感染	主要症状の消失後、２日を経過するまで。
(P.110～118 ※髄膜炎菌性髄膜炎については掲載していません。)	●結　核	発病時期はさまざま。	空気感染（状況によっては接触感染や経口感染など）	医師が感染の恐れはないと認めるまで。
	●髄膜炎菌性髄膜炎	2～4日	飛沫感染	医師が感染の恐れはないと認めるまで。
第三種感染症 (P.119～129)	●コレラ　●細菌性赤痢 ●腸管出血性大腸菌感染症（O-157・O-26など） ●腸チフス　●パラチフス　●流行性角結膜炎（はやり目） ●急性出血性結膜炎（アポロ病）　●その他の感染症(P.122～129)			

■予防

手洗い・うがい

ウイルスや細菌をつけたままの手で、鼻や口を触ると感染症にかかります。せっけんでていねいに洗いましょう(P.70〜71参照)。

また、うがいは口の中やのどについたウイルスや細菌を減らしてくれる効果が期待でき、のどの乾燥も防いでくれます(P.72・73参照)。

マスクの着用

せきが出ているときはマスクを付けて、自分から感染拡大するのを防ぎましょう(P.62参照)。

早起き・早寝

規則正しい生活を送り、体力や免疫力を維持しておきましょう (P.80参照)。

■感染経路

感染は、細菌やウイルスが体内に侵入し、増殖して発病します。侵入しやすい場所は、鼻・のど・腸や胃などの粘膜です。感染のしかたはいろいろあります。

飛沫感染…感染している人がせきやくしゃみをしたとき、口から飛ぶ小さな水滴(飛沫)を、近くにいる人が吸い込むことで感染します。飛沫が飛び散る範囲は1〜2mです。溶連菌・百日ぜき菌・インフルエンザウイルス（新型インフルエンザウイルスを含む）・アデノウイルス・風しんウイルス・マイコプラズマなどが、飛沫感染を起こします。

空気感染…感染している人が、せきやくしゃみをしたとき、口から飛び出た飛沫が乾燥し、病原体が感染性を保ったまま空気の流れによって、漂いながら広がります。近くの人だけでなく、遠くにいる人も感染します。結核菌・麻しんウイルス・水痘ウイルスなどが、空気感染を起こします。

接触感染…感染している人に触れたことで起こる直接接触感染(握手・だっこなど)と、汚染された物を介して起こる間接接触感染(ドアノブ・手すり・遊具など)があります。黄色ブドウ球菌・腸管出血性大腸菌・ＲＳウイルス・アデノウイルス・ロタウイルス・ノロウイルス・水痘・帯状疱しんウイルスなどが接触感染を起こします。

経口感染…腸管出血性大腸菌・ロタウイルス・ノロウイルスなどは、食べた物や口に入った物で感染することもあります。適切な衛生管理が必要です。

糞口感染…感染している子どものオムツ替えで、排せつ物が保育者の手についたままだと、ノロウイルス・コレラ・細菌性赤痢・ヘルパンギーナ・流行性嘔吐下痢症・手足口病・ウイルス性肝炎(Ａ型肝炎)などが、健康な子どもに感染するおそれがあります。

※参考資料　厚生労働省：『保育所における感染症対策ガイドライン』

インフルエンザ

※P.131鳥インフルエンザ(H5N1)およびP.111新型インフルエンザなどの感染症を除く

潜伏期間 1～2日
感染経路 飛沫感染、接触感染
出席停止期間 発症後5日を経過し、かつ、解熱後3日を経過するまで。

【主な症状】

- 突然高熱が出る。
- 全身倦怠感・筋肉や関節の痛みがあり、食欲不振。
- 咽頭痛・せき・くしゃみ・鼻水・おう吐・下痢・腹痛などもある。
- 2～3日で熱が下がっても、全身症状は1週間くらい続く。

※合併症…肺炎、中耳炎、脳症

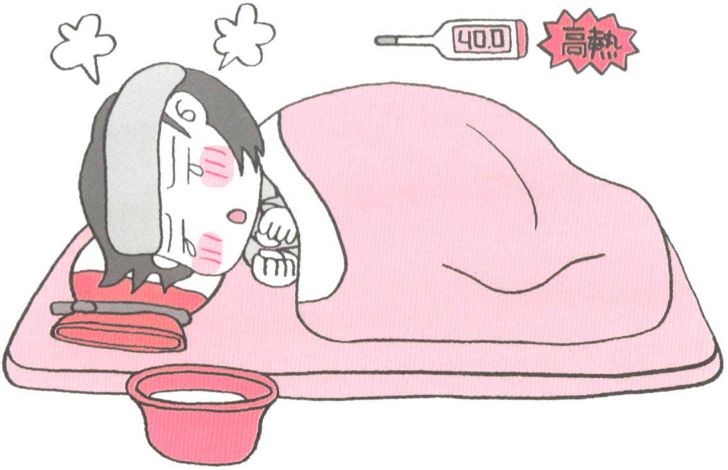

予防・対応

温度・湿度・換気に気をつけて、手洗い・うがいをこまめに行ないます。

はやっている場合は必ず保護者に知らせておき、疑わしいときは保護者に連絡して、迎えに来るまで隔離して待ちます。すぐに病院へ行き、結果を知らせてもらいましょう。

- 水分補給をしっかり行ない、暖かくして休ませましょう。
- 室内の温度と湿度を適温にして、換気も行ないましょう。
- 栄養バランスが良く、食べやすい食べ物を与えましょう。

新型インフルエンザについて

※新型インフルエンザに関する下記の内容は、2011年11月現在のものです。

新型インフルエンザは、毎年流行する季節性インフルエンザとウイルスの形が違い、ほとんどの人が免疫を持っていないため、人から人へ感染して大流行になる可能性があります。10～40年周期で発生しており、2009年にメキシコで確認されたときは、ブタ由来のインフルエンザ（Ａ／Ｈ１Ｎ１）と呼ばれて、世界的大流行（パンデミック）になりました。日本でも2000万人が感染したといわれています。その後ほとんどの人が免疫を獲得したため、2011年３月から季節性インフルエンザとして扱い、「インフルエンザ（Ｈ１Ｎ１）2009」という名称になりました。

新型インフルエンザを正確に予知することは困難で、発生を止めることも不可能です。ふだんからていねいな手洗いを行ない、規則正しい生活を心がけることが大切です。保育者としては、できるだけ正確な情報・知識をもとに、発生時に落ち着いた行動をとれるようにしておきましょう。

新型インフルエンザ発生のしくみ

鳥インフルエンザや豚インフルエンザのウイルスは、もともと鳥から鳥、ブタからブタへと感染していて、人に感染することがほとんどなかったのですが、ブタや鳥から人に感染して、人から人へ広がっていくものが現れてきました（豚インフルエンザも、もとはブタが鳥インフルエンザに感染したもの）。

Ａ型ソ連型（Ｈ１Ｎ１亜型）・香港型（Ｈ３Ｎ２亜型）・Ｂ型の３つを総称して、「季節性インフルエンザ」と呼んでいましたが、ブタ由来のインフルエンザウイルスＡ（Ｈ１Ｎ１）にも人が感染したことで、「新型インフルエンザ」と呼ばれていました（下図参照）。

▼インフルエンザ（Ａ／Ｈ１Ｎ１）の発生状況

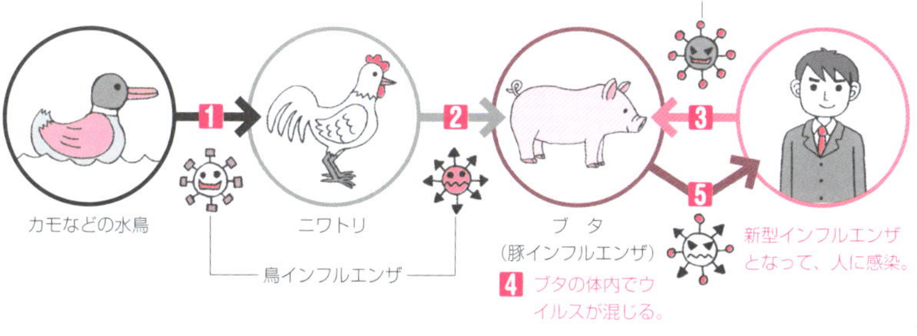
季節性インフルエンザ
1
2
3
5
カモなどの水鳥
ニワトリ
ブ　タ
（豚インフルエンザ）
鳥インフルエンザ
4 ブタの体内でウイルスが混じる。
新型インフルエンザとなって、人に感染。

※新型インフルエンザの最新情報・国や教育現場での対応状況などについては、以下のホームページで確認できます。
- ■国立感染症研究所　感染症情報センター　http://www.nih.go.jp/niid/ja/from-idsc.html
- ■厚生労働省　http://www.mhlw.go.jp/　■文部科学省　http://www.mext.go.jp/

百日ぜき

潜伏期間 7～14日
感染経路 飛沫感染
出席停止期間 特有のせきが消えるまで。または5日間の適正な抗菌性物質製剤による治療終了まで。

【主な症状】

- 熱はあっても微熱程度で、かぜと変わらない症状が見られる。
- 1～2週間が過ぎると、せきが激しくなり、せき込んだ後ヒューと笛を吹くような音をたてて息を吸い込み、顔が赤くなる。
- 3～4週間ごろになると、少しずつ軽くなってくる。
- 低月齢の子どもは、特有のせきが出ず、無呼吸発作から、チアノーゼ※P 157・けいれん・呼吸停止になることがある。

※合併症…中耳炎、肺炎、けいれん発作、脳炎

予防・対応

せきが長引いたり、息を吸い込むようなせきをしたりする子どもには気をつけます。予防接種を受けているかの確認もしておきましょう。

疑わしいときは保護者に連絡し、隔離して待ちます。すぐに病院へ行き、結果を知らせてもらいましょう。

保護者へアドバイス

- 部屋の保温と加湿・換気・水分補給を行ないましょう。
- 消化の良い食べ物を与え、冷たい物や辛い物などは避けましょう。
- 人との接触を控えましょう。

はしか（麻しん）

潜伏期間10〜20日
感染経路飛沫感染、空気感染（発しん前のせきが出始めたころが、もっとも感染力が強い）
出席停止期間解熱後３日を経過するまで。

【主な症状】

- 鼻水・せき・目やに・熱など、かぜのような症状が出る。
- いったん熱は下がるが、再び高熱が出ると同時に全身に発しんが現れ、ほおの内側に白い斑点ができる。
- 高熱は４〜５日くらい続く。
- せき・鼻水・口内炎・目の充血は、さらにひどくなる。

※合併症…気管支炎、中耳炎、肺炎、脳炎

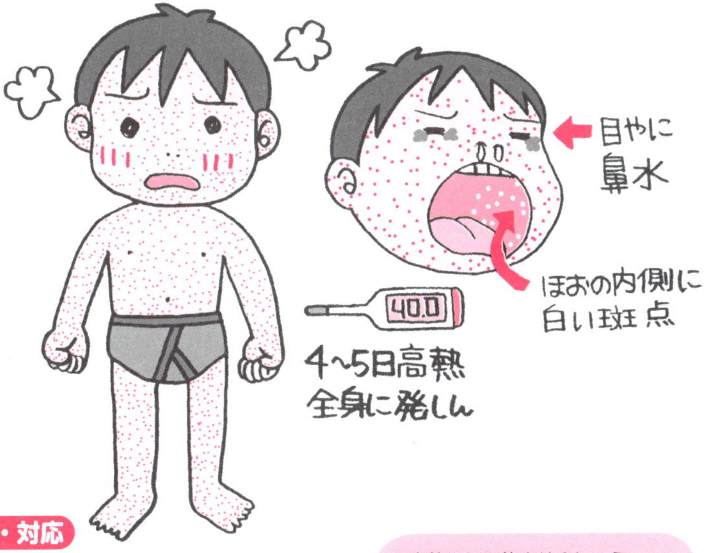

予防・対応

クラスの子どもたちが、はしかの予防接種を受けているか、確認しましょう。感染力が強いので、園で流行している場合は、必ず保護者に知らせましょう。

疑わしいときは保護者に連絡し、隔離して待ちます。すぐに病院へ行き、結果を知らせてもらいましょう。

- 安静にして休ませましょう。
- 高熱などでしんどそうなときは、氷枕☞P.157などで頭を冷やしましょう。
- 脱水症状を起こさないように、こまめに水分補給をしましょう。
- 食事は無理に食べさせず、口当たりや消化の良い食べ物を与えます。

おたふくかぜ（流行性耳《じ》下《か》腺《せん》炎）

潜伏期間14〜24日
感染経路飛沫感染
出席停止期間耳下腺、顎下腺または舌下腺の腫れが出た後５日を経過し、かつ、全身状態が良好になるまで。

【主な症状】

- 両耳の下（耳下腺）がはれて痛がる。
- あごの下（顎《がっ》下《か》腺《せん》）がはれると、おたふく顔になる。
- 片側だけはれる場合もある。
- はれは１週間前後でひく。
- 熱が出ることもあるが、３〜４日で落ち着く。
- 感染してもまったく症状がでない（不顕性感染）こともあるが、免疫はできる。

※おたふくかぜは、一度かかると生涯免疫ができます。
※合併症…無菌性髄膜炎、脳炎、難聴
※成人してから感染すると、男性は精巣炎、女性は卵巣炎を合併することがあります。

予防・対応

園ではやっている場合は、口頭や掲示板で知らせましょう。具体的に症状や潜伏期間を書いておくとわかりやすいです。

耳下痛やはれがないか、よく観察しましょう。疑わしいときは保護者に連絡し、隔離して待ちます。すぐ病院へ行ってもらい、結果を知らせてもらいます。

- 安静にして休ませましょう。
- はれている場所を冷やしましょう。
- 水分補給をしっかりしましょう。
- 酸っぱい物は避け、消化の良い流動食を与えましょう。

風しん

潜伏期間14～21日
感染経路飛沫感染（発しんの出る数日前から出た後の５日間くらいまでは感染する）
出席停止期間発しんが消失するまで。

【主な症状】

- 37～38℃の発熱と同時に、全身に赤い発しんが現れる。
- 発しんは顔・首・耳の後ろから現れ、全身に広がる。
- 首・耳の下・わきの下のリンパ腺がはれる。
- その他、目の充血、のどの炎症なども見られる。
- 発熱、発しんは１～４日で治まる。
- 感染しても、症状が出ないまま免疫ができる人もいる(不顕性感染)。

※合併症…脳炎、血小板減少性紫斑病
※妊娠初期の女性が感染すると、おなかの赤ちゃんが、先天性風しん症候群といわれる白内障・難聴・小頭症・心臓異常を起こす可能性があります。

37.9
熱
・のどのはれ
・目の充血
首・耳の下
わきの下が
はれる

予防・対応

園で感染した子どもが出たら、掲示板に表示したり降園のときに話をしたりして、保護者全員に知らせましょう。

疑わしいときは保護者に連絡し（予防接種を受けているかの確認もします）、隔離して待ちます。すぐに病院へ行き、結果を知らせてもらいましょう。

保護者へ
アドバイス

- 安静に休ませて、水分補給します。
- 栄養があり、消化の良い食べ物を与えましょう。
- かゆいなら、つめを短く切ります。
- 入浴は、熱が下がり、発しんが消えて１～２日後からにしましょう。

水ぼうそう（水痘）

潜伏期間14～21日
感染経路飛沫感染、空気感染、接触感染
出席停止期間すべての発しんが痂《か》皮《ひ》化（かさぶた）するまで。

【主な症状】

- 多くは熱が出ないが、出ることもある。
- おなかや頭に発しんが現れ、３～４日で全身に広がる。
- 発しんはかゆみの強い水疱に変わり、最後はかさぶたになって落ちる。

※一度かかれば免疫ができます(P.128下「帯状疱しん」参照)。
※任意の予防接種を受けておくと多くはかかりませんが、かかっても軽く済みます。
※合併症…皮膚の細菌感染症

予防・対応

赤い発しんが二つ見つかったら、水ぼうそうを疑ってみましょう。その周辺にも発しんが出ていないか、よくチェックします。

疑わしいときは保護者に連絡し、隔離して待ちます。すぐに病院へ行き、結果を知らせてもらいましょう。

- かゆみが強く、かきむしってしまうので、つめを短く切りましょう。
- 口の中にも発しんができるので、刺激が少なく、消化の良い食べ物を与えましょう。
- 暖まるとかゆみが増すので、シャワーで軽く流す程度にしましょう。

プール熱（咽頭結膜熱）

潜伏期間1週間前後
感染経路飛沫感染、接触感染
出席停止期間主要症状の消失後、2日を経過するまで。

【主な症状】

- 39℃前後の高熱が出る。
- のどが赤くはれて痛み、せき・目やに・目の充血がある。
- 頭痛・吐き気・腹痛・下痢を伴うこともある。

予防・対応

はやり始めたら、手洗い・うがいをしっかり行ないます。プールの後は、目をよく洗うようにしましょう。

疑わしいときは保護者に連絡し、隔離して待ちます。すぐに病院へ行き、結果を知らせてもらいましょう。

保護者へアドバイス

- タオルの共有は避け、感染者の使ったタオルなどは、熱湯消毒した後洗濯しましょう。
- 水分補給をしましょう。
- 食べやすい食べ物を与えましょう。
- 解熱剤の使いすぎに注意します。

結　核

潜伏期間臨床症状の出現は一様でなく、年齢・入った菌量・体質・感染類度・その他の疾病との関係で、発病時期はさまざま。
感染経路空気感染（状況によっては接触感染や経口感染など）
出席停止期間医師が感染の恐れはないと認めるまで。

【主な症状】

- 初期は、微熱・せき・たんが出るなど、かぜと同じような症状。
- 症状が進むと、胸痛・血たん・体重減少・倦怠感・食欲不振などが現れる。

※発症したら、外来治療か入院治療をします。

予防・対応

かぜと症状が似ているため発見しにくいですが、せきや微熱が２週間続く場合は、保護者に受診を促してみましょう。疑わしいときは保護者に連絡し、隔離して待ちます。すぐ病院へ行ってもらいましょう。

ひとりでも感染者が出たら、保健所、嘱託医に相談します。

- 家族の中に感染者が出ると、感染者以外は予防内服します。
- 結核菌に効く抗生物質を半年間服用します。

救急マニュアルⅢ　第三種感染症の症状・対応①

コレラ（エルトール型）

潜伏期間数時間～5日（通常1～3日）
感染経路汚染された水・食べ物や、感染者の便などを感染源とする経口感染、糞口感染
出席停止期間医師が感染の恐れはないと認めるまで。

【主な症状】

- 軟便程度から水様便と幅広い下痢や、おう吐が起こる。
- 症状は比較的軽く、腹痛や発熱を伴うことはない。

予防・対応

コレラがはやっている国や地域での生水・氷・生の魚介類の摂取は避けましょう。
ひとりでも感染者が出たら、保健所、嘱託医に相談します。

保護者へアドバイス

- 症状が出たら、原則入院となります。

救急マニュアルⅢ　第三種感染症の症状・対応②

細菌性赤痢

潜伏期間1～5日
感染経路感染者の便を感染源とする経口感染、糞口感染。
出席停止期間医師が感染の恐れはないと認めるまで。

【主な症状】

- 熱・腹痛・下痢・おう吐などの症状が急激に出る。
- 菌の種類によって症状が変わり、病原性の強いA群は、血便が出て、トイレに行ってもすっきりせず、また行きたくなる。

※少ない菌でも感染します。

予防・対応

食べ物を扱うとき、食器やおはしなどは清潔に保つようにし、プールで集団感染しないよう、塩素消毒基準(P.47参照)を厳守します。

保護者へアドバイス

- 症状が出たら、原則入院となります。

救急マニュアルⅢ　第三種感染症の症状・対応③

腸管出血性大腸菌感染症
（O-157・O-26など）

潜伏期間3～8日
感染経路飲食物からの経口感染
出席停止期間抗菌薬による治療が終わり、48時間空けて２回連続の検便を行ない、菌陰性が確認できたら。

【主な症状】

◉激しい腹痛。
◉頻繁な水様性下痢、血便が出る。
※少ない菌でも感染します。
※合併症…溶血性尿毒症症候群、脳症

予防・対応

ていねいに手洗いをして、食品は十分に加熱しましょう。
プールで集団感染しないよう、塩素消毒基準（P.47参照）を厳守して遊びましょう。

保護者へアドバイス

- 下着は分けて、消毒してから洗濯します。
- 便座・ドアノブは時々消毒しましょう。
- 入浴はシャワーで済ませましょう。

救急マニュアルⅢ　第三種感染症の症状・対応④

腸チフス・パラチフス

潜伏期間７～14日
感染経路生肉（特に牛肉）・水・生牛乳・野菜などを介して経口感染
出席停止期間病状により医師が感染のおそれはないと認めるまで。

【主な症状】

◉高熱が続き、脈が遅くなる。
◉バラしん（バラの花のような赤い斑点）・全身倦怠感・下痢などの症状が出る。
◉ひどくなると、腸のリンパ節に潰瘍《かいよう》ができるため、腸出血や腸に穴があく危険がある。

予防・対応

衛生状態の悪い国や地域での、飲み物や食べ物に気をつけましょう。
ふだんからていねいな手洗いをしましょう。

保護者へアドバイス

- 症状が出たら、原則入院となります。

救急マニュアルⅢ　第三種感染症の症状・対応⑤

はやり目（流行性角結膜炎）

潜伏期間１週間前後
感染経路プールの水・手指・タオルなどから接触感染
出席停止期間結膜炎の症状が消失してから。医師が周囲への感染がなくなったと判断するまで。

【主な症状】

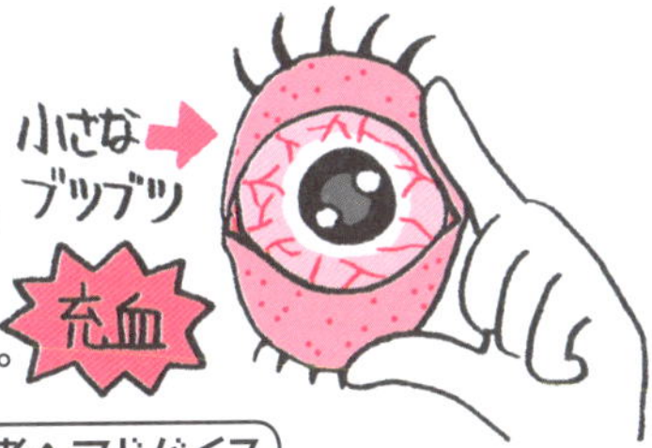

- 炎症が結膜だけでなく、角膜まで及ぶ。
- 白目が真っ赤に充血して、涙が出る。
- まぶたの裏に小さなブツブツができ、異物感を感じる。
- 耳前リンパ節がはれて熱が出ることもある。
- 症状は１～２週間で治まる。

予防・対応

目に触れる物の貸し借りや共用は避け、感染者が触った物は、せっけんで洗ったり消毒したりするようにしましょう。

保護者へアドバイス

- 目に触らないようにして、せっけんでしっかり手を洗います。タオルの共用は避け、家族の中で、最後に入浴しましょう。

救急マニュアルⅢ　第三種感染症の症状・対応⑥

アポロ病（急性出血性結膜炎）

潜伏期間１日前後
感染経路接触感染
出席停止期間医師が周囲への感染がなくなったと判断するまで。

【主な症状】

- 急性で、充血・目やに・ゴロゴロ感などが出て、白目に出血もよく見られる。
- 両目に結膜炎を発症する。
- 症状は1週間以内で治まる。

予防・対応

目に触れる物の貸し借りや共用は避け、感染者が触った物は、せっけんで洗ったり消毒したりするようにしましょう。

保護者へアドバイス

- 目はティッシュペーパーなどでふき、せっけんでしっかり手を洗います。タオルの共用は避け、最後に入浴しましょう。

救急マニュアルⅢ　第三種感染症の症状・対応⑦

溶連菌感染症

潜伏期間 2～5日
感染経路 飛沫感染、経口感染
出席停止期間 抗菌薬内服後１～２日経過してからで、治療の継続は必要。

【主な症状】

- 突然39℃前後の発熱をして、のどがまっかにはれ、痛みを伴う。
- 発熱から２日後、口の周囲を除く全身にかゆみを伴う鮮紅色の小さな発しんが出る。
- 舌にも赤いブツブツができる(イチゴ舌)。

※溶連菌は繁殖力が強く、体内に残って再発しやすく、合併症も心配されます。
※合併症…リウマチ熱、急性糸球体腎炎

39.0
高熱
・のどが痛い
・イチゴ舌

予防・対応

ていねいに手洗い・うがいをしましょう。

保護者へアドバイス

- のどごしの良い食べ物を与え、水分補給をしましょう。
- 高熱が続くので、こまめに下着を替え、肌を清潔に保ちます。

救急マニュアルⅢ　第三種感染症の症状・対応⑧

ヘルパンギーナ

潜伏期間 2～4日
感染経路 飛沫感染、接触感染、糞口感染
出席停止期間 熱がなく、普通に食事ができること（解熱後１日以上経過）。

【主な症状】

- 39℃前後の発熱をして、のどの奥に小さな赤い水疱ができ、痛みのため食欲が落ちる。
- 水疱が破れると、のどの痛みが増し、つばを飲み込むのも痛がる。
- 水分補給をいやがり、脱水症状※P.157を起こすこともある。

※合併症…無菌性髄膜炎(まれに起こる)

39.0
高熱
のどに水疱
飲み込めない

予防・対応

ていねいに手洗い・うがいをしましょう。

保護者へアドバイス

- のどが痛いため、刺激のある食べ物は避け、のどごしの良い物を与えましょう。
- しっかり水分補給をしましょう。

流行性嘔吐下痢症（ウイルス性胃腸炎の場合）

潜伏期間１～３日
感染経路接触感染、糞口感染
出席停止期間おう吐や下痢の症状が治まり、普通に食事ができること。

【主な症状】

- 突然のおう吐から始まり、同時またはやや遅れて下痢になる。
- 下痢便は酸っぱいにおいがして、粘液が混じっていたり、白っぽかったりすることもある。
- 発熱を伴い、尿の量が急激に減り、脱水※P.157症状を起こしやすくなる。

※合併症…けいれん、肝炎、脳症（まれに起こる）

予防・対応

ていねいに手洗いをし、食品の管理や調理のしかたも、十分に注意が必要です。

おう吐物を処理するときは、マスクやエプロン・手袋をつけて行ないましょう（P.52・53参照）。

保護者に連絡し、隔離して待ちます。すぐに病院へ行き、結果を知らせてもらいましょう。

- おう吐が治まってから、水分補給をしましょう。
- 消化の良い食べ物を与えましょう。
- 家庭で調理をするときは、必ずせっけんで手洗いを行ない、生の魚貝類を処理したまな板は、熱湯消毒しましょう。

救急マニュアルⅢ 第三種感染症の症状・対応⑩

手足口病

潜伏期間3～6日
感染経路飛沫感染、糞口感染
出席停止期間熱がなく、普通に食事ができること（解熱後1日以上経過）。

【主な症状】

◉38℃前後の発熱。手のひら・足の裏・指の間・体に、水疱や赤みを持った米粒のようなブツブツ（丘しん）ができる。

◉口の中にも水疱ができる。痛みがあり、破れて口内炎になると食欲が落ちる。

※合併症…脳幹・脳炎、髄膜炎、心筋炎

予防・対応

排せつ物からウイルスが排出されるため、オムツ交換のときは十分に気をつけましょう。

ていねいに手洗いをしましょう。

保護者へアドバイス

- しっかり水分補給をしましょう。
- 薄味で口当たりの良い食べ物を与え、食後はぬるめのお茶などを飲ませて、食べかすを取り除いてあげましょう。

救急マニュアルⅢ 第三種感染症の症状・対応⑪

リンゴ病（伝染性紅斑）

潜伏期間1～2週間
感染経路飛沫感染
出席停止期間全身状態が良いこと。発しんが出るころには、感染力がなくなっている。

【主な症状】

◉両方のほおや腕に斑点ができ、ほおがリンゴのように丸く赤くなる（紅斑）。

◉斑点は丸く、縁がやや盛り上がる。

◉手足やおしりに発しんが現れ、しだいにくっついて、地図のようになる。1～2週間で消えて、ほおの色も戻る。

※妊婦が感染すると、胎児水腫や流死産を起こす可能性があります。

予防・対応

ていねいに手洗い・うがいをしましょう。

保護者へアドバイス

- 入浴は控え、シャワーで流す程度にしましょう。
- 治った後も直射日光を避けるため、長そで・長ズボン、帽子をかぶるなどしましょう。

救急マニュアルⅢ　第三種感染症の症状・対応⑫

A型肝炎（ウイルス性肝炎）

潜伏期間急性肝炎では、14～40日
感染経路経口感染（牡《か》蠣《き》などによる発症例もある）、糞口感染
出席停止期間肝機能が正常であること。

【主な症状】

- 急激な発熱・悪寒・おう吐・全身倦怠感・食欲不振などの症状が現れる。
- 数日で熱は下がるが、同時に黄だんが現れ、１～３週間続く。

※重症化することはまずないでしょう。
※乳幼児は感染しても無症状で終わることが多いです。

予防・対応

ていねいに手洗いをして、おう吐の処理は、消毒まで行ないましょう（P.52・53参照）。

保護者へアドバイス

- 家族で同じ物（牡蠣など）を食べて、感染している可能性があります。

救急マニュアルⅢ　第三種感染症の症状・対応⑬

B型肝炎（ウイルス性肝炎）

潜伏期間急性感染では、50～180日
感染経路血液・体液を介しての感染、母子感染
出席停止期間急性肝炎の場合は、症状が消え、全身状態が良いこと。キャリア・慢性肝炎の場合、登園の制限はない。

【主な症状】

- まず気分不快や食欲不振などの全身症状が現れ、その１～２週間後に黄だんが出る。
- 徐々に発熱・おう吐・腹痛・時に発しんや関節痛・関節炎なども現れる。

※慢性肝炎の場合は、自覚症状が少ないです。

予防・対応

B型肝炎の子どもがケガをしたり鼻血を出したりしたら、血液が付着しないよう、ゴム手袋などをして処置にあたりましょう。

保護者へアドバイス

- 母子感染については決められた予防方法があり、医療機関がそれに基づいて予防処置を行ないます。

救急マニュアルⅢ　第三種感染症の症状・対応⑭

マイコプラズマ肺炎

潜伏期間２～３週間
感染経路飛沫感染、接触感染
出席停止期間発熱や激しいせきが治まっていること。

【主な症状】

- 鼻水が出始め、場合によっては39℃の熱が続くこともある。
- 乾いたせきが長期間続き、たんが絡みやすいので、夜間のせきが目だつ。

※比較的元気に過ごせるので、気づきにくいです。

予防・対応

園では、ていねいに手洗い・うがいを行ないます。せきだけが長引く子どもがいる場合は、一度病院へ行ってもらいましょう。

保護者へアドバイス

- 疑われる症状が見られたら、できるだけ早く病院へ行きましょう。

救急マニュアルⅢ　第三種感染症の症状・対応⑮

アタマジラミ

潜伏期間10～14日
感染経路接触感染
出席停止期間駆除を開始していること。

【主な症状】

- 頭のかゆみや不快感などがありますが、深刻な症状はほとんどありません。

予防・対応

タオルやくしなどの共用は避け、保育室はていねいに掃除機をかけましょう。

感染者が出た場合は、衣類・シーツ・帽子などの熱湯消毒をします。

保護者へアドバイス

- 疑われる症状が見られたら、できるだけ早く病院へ行き、家庭でもシーツや枕カバーなどは熱湯消毒しましょう。

救急マニュアルⅢ　第三種感染症の症状・対応⑯

水いぼ（伝染性軟《なん》属《ぞく》腫《しゅ》）

潜伏期間 2～7週間
感染経路 接触感染（タオルやビート板・浮き輪などを共有することにより、間接感染します）
出席停止期間 かき壊し傷から滲出液が出ているときは、ガーゼなどを当てること。

【主な症状】

- 1～2㎜くらいの、皮膚と同色のブツブツができ、しばらくすると3～4㎜になるが、かゆみや痛みはない。
- わきの下・わき腹・またの付け根など、皮膚と皮膚が擦れ合うところによくできる。

※アトピー性皮膚炎の子どもは、感染しやすいです。

保護者へアドバイス

- 免疫がつけば、時間は掛かりますがしぜんと治ります。
- 病院へ行く場合は、根気良く通いましょう。

予防・対応

タオルやビート板・浮き輪の共用は避け、プールの後は体をよく洗い流しましょう。

救急マニュアルⅢ　第三種感染症の症状・対応⑰

とびひ（伝染性膿《のう》痂《か》疹《しん》）

潜伏期間 2～10日
感染経路 接触感染
出席停止期間 皮膚が乾燥しているか、汁が出ている部分をガーゼなどで覆うことができる程度。

【主な症状】

- 湿しんや虫刺されのあとをかき壊し、ブドウ球菌が侵入すると、米粒大の水疱ができ、しだいにうみを持ってかゆくなる。
- 水疱の膜は薄く、かいたり服が擦れたりして膜が破れると、中の菌を含んだ液が飛び散り、あっという間に広がる。

保護者へアドバイス

- 感染を防ぐため、家族の中で、最後に入浴しましょう。

予防・対応

治癒するまではプールを控えます。つめは短く切り、ていねいに手洗いをしましょう。

救急マニュアルⅢ　第三種感染症の症状・対応⑱

RSウイルス感染症

潜伏期間 2～8日
感染経路 飛沫感染、接触感染
出席停止期間 重篤な呼吸器症状が消え、全身状態が良いこと。

【主な症状】

- 軽い鼻かぜから始まり、せきが出てゼーゼーと息をするようになる。
- 重症になると、呼吸困難になることもある。

※合併症…細気管支炎、肺炎、中耳炎

保護者へアドバイス

- 十分な睡眠や食事をとり、水分補給をしましょう。

予防・対応

ていねいに手洗いをしましょう。

救急マニュアルⅢ　第三種感染症の症状・対応⑲

帯状疱しん

潜伏期間 水ぼうそうに感染した後、体内の神経節にウイルスが潜み、体調が弱ったときに活動し始める。
感染経路 接触感染
出席停止期間 すべての発しんが痂《か》皮《ひ》化(かさぶた)するまで。

【主な症状】

- 体の片側に、痛みの強い赤い発しんが帯状に出る。
- 発しんは、水ぼうそう(P.116)と同じように変化していく。

※水ぼうそうに免疫のない子どもが感染者に接触すると、水ぼうそうを発症します。

保護者へアドバイス

- 暖まるとかゆみが増すので、ぬるま湯かシャワーで軽く流す程度にしましょう。

予防・対応

つめは短く切っておき、ていねいに手洗いをしましょう。

ヘルペス口内炎

潜伏期間3～7日
感染経路接触感染
出席停止期間熱がなく、よだれが止まり、普通に食事ができること。

【主な症状】

- 39℃前後の発熱とともに、口の中に小さな水疱ができ、破れて潰瘍《かいよう》になる。痛みのため食欲不振になる。
- 歯茎がはれて、出血しやすくなる。
- 治癒後も潜伏感染し、体調が悪いときに再活性化して、唇や口の周りに水疱ができる(口唇ヘルペス)。

予防・対応

タオルなどの共用は避け、ていねいに手洗いをしましょう。

保護者へアドバイス

- 刺激の少ない食べ物を与えます。
- タオルなどの共用は避け、汚れた手で触らないようにします。

突発性発しん

潜伏期間10日
感染経路飛沫感染、接触感染、経口感染
出席停止期間熱が下がり、1日以上経過し、全身状態が良いこと。

【主な症状】

- 生まれて初めての発熱で、突然38℃以上の熱が3～4日続くが、元気で食欲もある。
- 熱が下がると全身に鮮紅色の発しんが出るが、2～3日後にはしぜんに消える。
- 下痢気味になることもあるが、せきや鼻水は出ない。

※合併症…熱性けいれんなど

予防・対応

通常、幼稚園・保育園で流行することはありません。

保護者へアドバイス

- 水分補給をして、のどごしの良い食べ物を与えましょう。
- 下痢をしているときは、離乳食を中止するか、少し前に戻しましょう。
- 熱がある間は入浴を控えましょう。

園での発症はまれですが、重大な感染症です。保育者として知っておきましょう。

出席停止期間は、いずれも完全に治癒するまでです。

エボラ出血熱

潜伏期間 2～21日

感染経路 宿主は不明。感染者の血液・体液・排せつ物などと接触し、皮膚の傷口からウイルスが侵入して感染すると考えられる。

主な症状 突然の発熱・全身倦怠感・頭痛・筋肉痛・関節痛などが起こり、腹痛・おう吐・下痢・結膜炎などが続いて起こる。2～3日で状態は急速に悪化し、出血傾向と発しんが出る。6～9日で激しい出血とショック症状が出て、死に至ることが多い。

クリミア・コンゴ出血熱

潜伏期間 2～9日

感染経路 宿主は家禽《かきん》類・野生ほ乳類。感染ダニ(マダニ)にかまれる場合と、感染者の血液・体液との直接接触による感染がある。感染ダニをつぶしたりすることでも感染する。

主な症状 エボラ出血熱と似ている。突然の発熱・頭痛・筋肉痛・リンパ節腫張・発しん・出血(血便・血尿・鼻血)などが起こる。

天然痘《とう》(痘《とう》そう)

潜伏期間 12～14日

感染経路 痘そうウイルスは、人以外に宿主となる動物はなく、人から人へ空気感染・接触感染する。

主な症状 高熱・悪寒・疲労感・背部痛などが起こり、腹痛などを伴うと、2～3日で特徴的な発しんが現れる。

※日本国内では、1956年以降天然痘患者の発生はなく、1977年以降種痘は行なわれていません。

南米出血熱
(アルゼンチン出血熱・ブラジル出血熱・ベネズエラ出血熱・ボリビア出血熱)

潜伏期間 7～14日

感染経路 ウイルスを保有しているげっ歯類の唾液・排せつ物・血液などとの接触や、感染者との接触によって感染する。

主な症状 発熱・悪寒・頭痛・筋肉痛・眼球後部痛・おう吐・めまいなどが起こり、重症化すると、出血・ショック症状・意識障害が見られることもある。

ペスト(腺ペスト)

潜伏期間 2～6日

感染経路 腺ペストは、ペスト菌を持ったノミに刺されることで起こり、肺ペストは、感染者のせきやたんなどから飛沫感染する。

主な症状 高熱・頭痛・倦怠感・筋肉痛・不快感・食欲不振・おう吐・疲労衰弱・精神混濁が起こる。また、ペスト菌が肺に移行すれば肺ペストとなる。

※ペストの80～90%は腺ペストで、肺ペストはごく少数です。

マールブルグ病

潜伏期間 3～10日

感染経路 宿主は不明。発症した動物の体液に接触することで、感染が広がる。感染者の血液や体液に接触し、皮膚の小さな傷や粘膜を経て体内に入ると思われる。

主な症状 エボラ出血熱と似ている。発熱・頭痛・筋肉痛・背部痛・発しん・咽頭痛が起こる。激しいおう吐を繰り返し、水溶性下痢出血が見られる。

ラッサ熱

潜伏期間 7～18日

感染経路 宿主は野ネズミの一種。感染者の血液や体液に接触し、皮膚の小さな傷や粘膜を経て体内に入ると思われる。

主な症状 悪寒とともに、発熱・おう吐・筋肉痛が起こり、数日すると高熱が出て、のどの痛み・せき・胸痛・腹痛・下痢が起こる。重症になると、のどの潰瘍《かいよう》や肺炎・リンパ節炎・腎不全などを合併して、ショック状態になる。

ポリオ(急性灰白髄炎《かいはくずいえん》)

潜伏期間 7～21日

感染経路 感染者の排せつ物や唾液などに触れた手指や食器・おもちゃ（まれに汚染された飲食物）などを通して、経口感染する。

主な症状 かぜのような症状や胃腸症状（のど痛・せき・発汗・下痢・便秘・悪心《おしん》など）を起こす。髄膜炎症状を伴うこともある。麻痺型ポリオでは、1～2日かぜの症状が続いた後、熱が下がり、急性の筋肉（特に下肢）の麻痺が起きる。

ジフテリア

潜伏期間 1～7日

感染経路 患者や保菌者の飛沫などから感染。

主な症状 血が混じった鼻水・高熱・のどの痛み・犬がほえるようなせきなどが出てくる。首が大きくはれる。のどに偽膜《ぎまく》と呼ばれる白い膜ができて、窒息することもある。心筋障害や神経麻痺を起こすことがある。鼻ジフテリアでは、鼻が詰まり、鼻の穴の周囲がただれ、鼻水に血液が混じり、上唇のびらん（ただれ）が見られる。

重症急性呼吸器症候群

(病原体がコロナウイルス属SARSコロナウイルスであるものに限る)

潜伏期間 2～7日

感染経路 感染者のせきなどから飛沫感染する。また、特殊な環境下で排せつ物からの感染が疑われている。

主な症状 発熱・悪寒・筋肉のこわばり・頭痛・不快感・筋肉痛を発症する。発熱時、軽い呼吸器症状（たんが少ない・乾いたせき・呼吸困難）と下痢が出ることもある。

鳥インフルエンザ

(病原体がインフルエンザウイルスA属インフルエンザAウイルスであって、その血清亜型がH5N1であるものに限る)

潜伏期間 2～8日

感染経路 感染したニワトリなどや、その排せつ物との接触で感染することがある。

主な症状 高熱など、インフルエンザと同じ症状(P.110参照)が現れる。初期に下痢・おう吐・腹痛・鼻や歯茎からの出血がある。5日程度で呼吸困難や血の混じったたんが見られることもある。重症化は早い。

アトピー性皮膚炎

アトピーという体質がもともとあって、そこになんらかの刺激が加わり症状が出てくる（皮膚のバリア機能が低下する）ことです。

はっきりとした原因はわかっていません。

【主な症状】

- 強いかゆみを伴う湿しんができる。

乳児の場合

- ほおや口の周りに、赤く盛り上がった湿しんができ、ジュクジュクしたりうみを持ったりする。
- かくので、引っかき傷ができる。

幼児の場合

- ひじの内側・ひざの裏・首の周りなどに目だち、耳切れもある。
- カサカサした乾燥肌で、粉をふいたようになり、湿しんの部分は、赤く盛り上がったり血がにじんだりする。
- 虫刺されになると、赤くはれあがったりとびひや水いぼの症状がひどくなったりする。

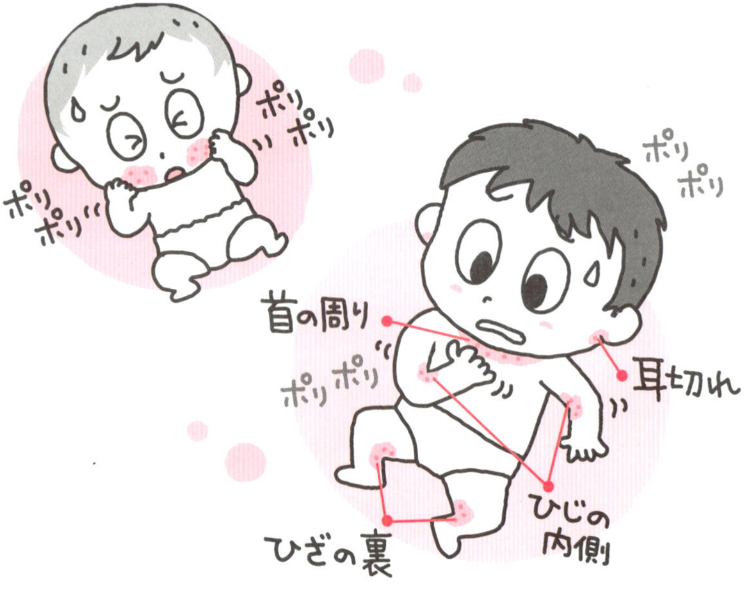

予防・対応・保護者へのアドバイス

- 室内の掃除や換気をしましょう。
- 天気の良い日は布団や毛布を干し、掃除機を使うなどして、ダニ予防をしましょう。
- 入浴剤は、刺激の少ない物を使いましょう。
- 入浴後は、水分をよくふき取りましょう。タオルで押さえるようにしてふきます。
- 肌は清潔を保ち、入浴後は保湿しましょう。
- 汗をかいたら、こまめに着替えましょう。
- 衣類は綿100%で、肌触りの良い物を使いましょう。
- できるだけ薄着で過ごしましょう。
- 1歳ごろまでは、ほかの湿しんと見分けがつかないため、医師に相談しましょう。

気管支ぜんそく

気管支が、なんらかの刺激を受けて収縮し、空気が通りにくくなる病気です。

【主な症状】

- たんがたくさん出て、せきを繰り返し、しだいにのどの奥からヒューヒューと喘鳴《ぜんめい》が聞こえてきて、呼吸困難を起こす。
- 喘鳴がひどくなると、呼吸のたびに肋骨やのどの下部分がへこんだり（陥没呼吸）、肩を上下させて肩呼吸をしたりする。
- 息苦しさから、横になって寝られなくなり（起座呼吸）、上半身を起こして腕で体を支え、肩で息をする。
- ひどくなると、チアノーゼ※P.157を起こすこともある。

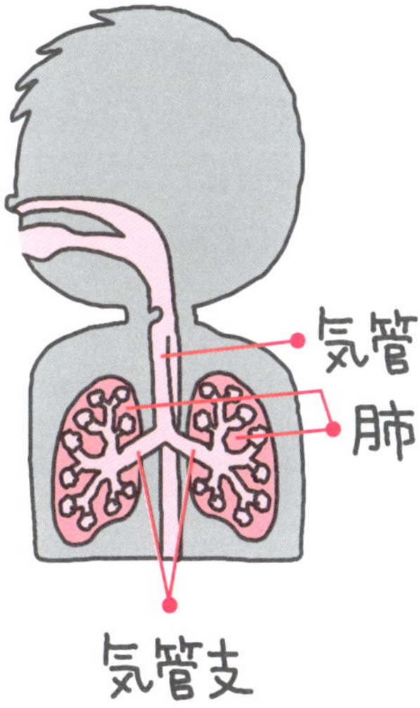

予防・対応・保護者へのアドバイス

- 手洗い・うがいをしましょう。
- 天気の良い日は布団や毛布を干し、掃除機を使うなどして、ダニ予防をしましょう。
- ぬいぐるみは置かないようにしましょう。
- 室内でペットは飼わないようにしましょう。
- バランスの取れた食事・十分な睡眠・早起き早寝を心がけて、体をしっかり動かしましょう。
- 衣服を緩めて、楽な姿勢にします。
- 上半身を起こして、クッションやソファなどにもたれかかるようにします。
- 息をゆっくりはかせます。
- しっかり水分補給をしましょう。
- 薬を持っているときは、飲ませましょう。
- せきが治まらないときは、すぐに病院へ行きましょう。
- 医師の診断を受けながら、生活上の注意を守り、気長に治療していくことが大切です。

アレルギー性鼻炎

鼻の粘膜が刺激されて、炎症を起こします。アレルゲンは、ハウスダスト・ダニ・カビ・ペットの毛・花粉などです。

【主な症状】

- くしゃみが連続して出る。
- 鼻が詰まり、水のような鼻水が出る。

予防・対応・保護者へのアドバイス

- 医師の診断を受けて、アレルゲンを特定してもらい、指示に従いましょう。
- 花粉の多い日や、ほこりの多い場所への外出は控えましょう。
- こまめに鼻をかむようにしましょう。
- 毎日掃除をして、天気の良い日は布団や毛布を干し、掃除機を使うなどして、ダニ予防をしましょう（花粉の場合は控える）。

アレルギー性結膜炎

目の結膜に炎症が起こります。アレルゲンは、ハウスダスト・ダニ・ペットの毛・花粉などです。

【主な症状】

- 強い目のかゆみ・白目の充血・目やに・涙目・まぶたのはれなどが起こる。
- 花粉による場合は、くしゃみなどの鼻炎症状を伴うことが多い。

予防・対応・保護者へのアドバイス

- 医師の診断を受けて、アレルゲンを特定してもらい、指示に従いましょう。
- かゆくてこすると、角膜を傷つけてしまいます。汚い手で触らないようにしましょう。
- 花粉の多い日や、ほこりの多い場所への外出は控えましょう。
- 毎日掃除をして、天気の良い日は布団や毛布を干し、掃除機を使うなどして、ダニ予防をしましょう（花粉の場合は控える）。

花　粉　症

アレルギー体質の遺伝子に、環境要因が加わって発症すると考えられています。

原因となる花粉は、スギ・ヒノキ・カモガヤ・イネ・ブタクサ・ヨモギ・セイタカアワダチソウなどです。

【主な症状】

- くしゃみ・目のかゆみなどの症状が起こる。
- 鼻が詰まり、水のような鼻水が出る。

予防・対応・保護者へのアドバイス

- 外出するときはマスクや眼鏡、帽子をつけ、帰宅後は玄関先で全身をはたいて、花粉を落としてから中に入るようにしましょう。
- 手洗い・うがいをしましょう。
- 洗濯物や布団は外に干さないようにします。
- 空気清浄機を利用しましょう。
- 規則正しい生活をしましょう。

あせも

汗や汚れが汗腺をふさぎ、赤いブツブツが出て炎症が起こる症状です。

【主な症状】

- 赤いブツブツが、髪の生え際・首・胸・わきの下・ひざの裏・背中・おしりなど、汗のかきやすい場所にできる。
- かゆみがあり、かき壊してしまうと、傷から細菌が入って化膿することもある。

予防・対応・保護者へのアドバイス

- 風通しを良くしましょう。
- 服がぬれている場合は着替えましょう。
- 汗をかいたときは、ふいたり水で洗ったりして、清潔にしましょう。
- ぬるめのお風呂に入った後、しっかり体をふきましょう。
- つめは短く切っておきましょう。

かぶれ（接触性皮膚炎）

植物・虫・砂・薬・汗など、刺激のある物質に触れると、皮膚がトラブルを起こします。原因にはアレルギーと刺激性があります。

【主な症状】

- 突然赤い湿しんができて、激しいかゆみが出ます。

予防・対応・保護者へのアドバイス

- かぶれを起こしそうな場所や物に、近寄らないようにしましょう。
- 何にかぶれたのか、病院で調べてもらいましょう。
- 水で洗い流して、かゆみ止めを塗ります。

オムツかぶれ

オムツをし続けていると、皮膚が蒸れてふやけて傷つき、炎症を起こします。

【主な症状】

- オムツを当てている部分の皮膚が赤くなる。
- 丘疹《きゅうしん》（ブツブツ）ができたり、皮膚がむけたりして痛がる。

予防・対応・保護者へのアドバイス

- こまめにオムツを替えましょう。オムツ交換のときはおしりをきれいにふき、乾燥させてからオムツを当てましょう。
- 通気性の良いオムツにしましょう。
- 天気の良い日はオムツを外して、日光浴をしましょう。
- 布オムツの洗濯は、柔軟剤や漂白剤を避け、しっかり日光に当てて乾かしましょう。

脂漏性湿しん

生後１～２か月ごろ、母体からもらったホルモンの影響で脂肪の働きが活発になり、顔や頭に皮脂がたくさん出て起こる皮膚炎です。

【主な症状】

- 頭や顔は汗や汚れがつきやすく、湿しんができる。
- 頭・顔・まゆなどにふけのような黄色いかさぶたができ、皮膚が赤くなるが、かゆみはない。

予防・対応・保護者へのアドバイス

- 頭はシャンプーやせっけんでしっかり洗い、顔は泡立てたせっけんで洗いましょう。
- かさぶたがひどいときは、入浴前にベビーオイルなどを塗り、ふやかしてからお風呂に入り、そっと取りましょう。
- ひどい湿しんやかゆみがある場合は、医師の診断を受けましょう。

ぜんそく性気管支炎

かぜをひいたとき、気管支ぜんそくに似たせきや呼吸困難を起こす病気です。

成長して気管支がじょうぶになると治りますが、中には繰り返すうちに、気管支ぜんそくに移行することがあります(P.133参照)。

【主な症状】

- 呼吸をするたびに、のどの奥でゼロゼロとしたり、胸がゼイゼイしたりする。
- たんが絡んで、せきが出たり吐いたりし、ひどくなると呼吸困難を起こすこともある。

予防・対応・保護者へのアドバイス

- 換気を行ない、適度な湿度を保ちましょう。
- 水分補給をしましょう。
- 規則正しい生活を心がけましょう。
- 気管支ぜんそくや肺炎との区別がつきにくいため、医師の診断を受けましょう。

気管支炎

かぜのウイルスや細菌が気管支の表面につき、炎症を起こす病気です。

乳幼児は気管支が広くて短いので、炎症を起こしやすいです。

【主な症状】

- 初めは、「コンコン」と乾いたせきが激しく出る。
- しだいに、たんが絡んだ「ゴホゴホ」というせきになる。
- 38～39℃前後の高熱が出ることもあるが、２～３日で下がることが多い。
- ひどくなると、肺炎を起こすこともある。

予防・対応・保護者へのアドバイス

- 安静にして過ごし、室温や湿度を一定に保ちましょう。
- 水分補給をしましょう。
- 手洗い・うがいをして、規則正しい生活を心がけましょう。
- 症状が見られたら、一度医師の診断を受けましょう。

細気管支炎

ＲＳウイルスやアデノウイルスにより感染症を起こし、気管支よりさらに枝分かれした末端部分にまで炎症ができ、肺に出入りする空気の流れを妨げます。

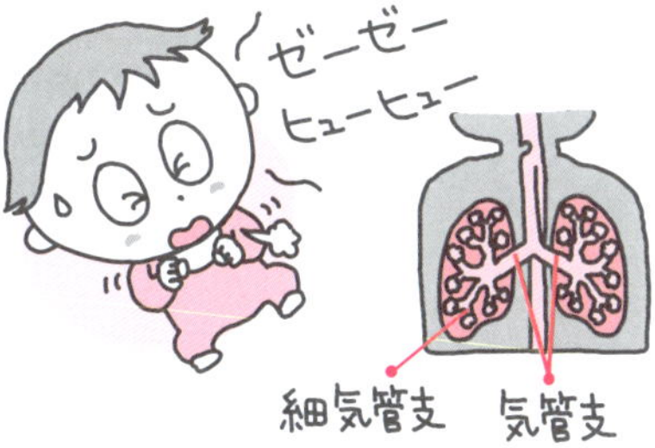

【主な症状】

- かぜの症状の後、激しいせきが出て呼吸困難になり、チアノーゼ※P.157や脱水※P.157症状を起こす。

予防・対応・保護者へのアドバイス

- 感染症などの病気から、合併症として発症しやすい病気です。完治するまで、医師の指示に従いましょう。

肺　炎

肺に炎症を起こします。原因によって、細菌性・ウイルス性・マイコプラズマ・クラミジア肺炎があります。

【主な症状】

細菌性肺炎

肺炎球菌・インフルエンザ菌（インフルエンザとは異なる）・黄色ブドウ球菌などが原因です。

- 高熱が続き、たんが絡んだせきをする。
- 呼吸困難や食欲不振になる。

ウイルス性肺炎

ＲＳウイルス・インフルエンザウイルス・アデノウイルスなどによる感染です。

- 鼻水・せき・のどの痛みなどの症状が現れる。

クラミジア肺炎

出産時に母親から産道感染したものです。

- 発熱はないが、鼻水や結膜炎が起こり、しだいにせきがひどくなり、呼吸困難になる。

マイコプラズマ肺炎(P.126参照)

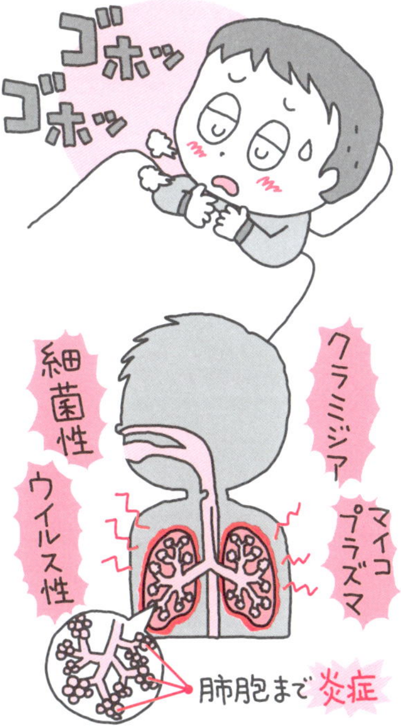

予防・対応・保護者へのアドバイス

- 感染症などの病気から、合併症として発症しやすい病気です。完治するまで、医師の指示に従いましょう。

クループ（急性喉頭炎）

咽頭の炎症により、声帯付近の気道が狭くなったりふさがったりして、呼吸が苦しくなります。

【主な症状】

- かぜのような症状が出る。
- 声帯の周りがはれ、声がかすれる。
- イヌが吠えるようなせきが出る。
- せきがひどくなると、水分補給ができなくなる。
- 息を吸うときに「ヒューヒュー」、吐くときに「ゼーゼー」という音がしたら、呼吸困難を起こす前兆。

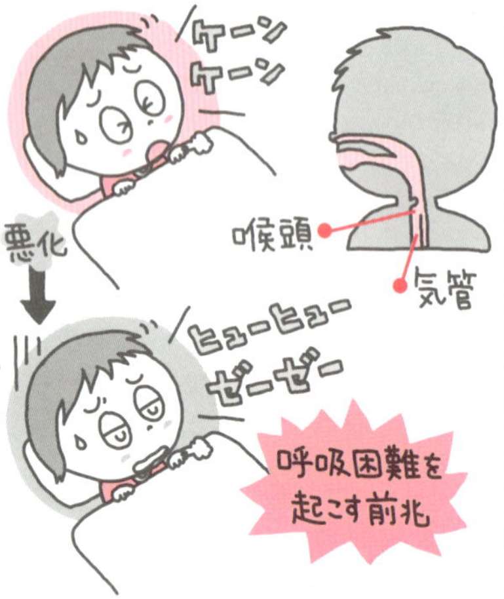

予防・対応・保護者へのアドバイス

- せきがひどくてしんどそうなときは、保護者に連絡しましょう。
- 症状が見られたら、すぐに病院へ行きましょう。
- せきがひどいときは、湿度を上げると楽になります。

咽頭炎・扁桃炎

のどのもっとも浅い部分（のどちんこの周辺）の炎症が咽頭炎で、のどの奥にある扁桃（一般に口蓋扁桃）が炎症を起こすのが扁桃炎です。

【主な症状】

- つばを飲み込むだけで痛く、食べられない。
- 声がかすれてくるが、せきや鼻水といった症状はあまり見られない。

咽頭炎

- 発熱と軽いせきや鼻水など、かぜの症状が現れる。

扁桃炎

- 39℃前後の高熱が出る。

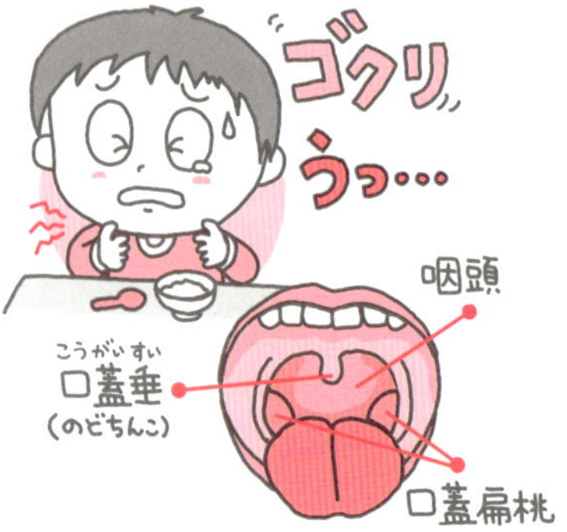

予防・対応・保護者へのアドバイス

- 柔らかくて、のどごしや消化の良い食べ物を与えましょう。
- 食べられない場合でも、水分はしっかりとっておきましょう。
- 高熱が出ている間は、脱水症状※P.157に気をつけて、こまめに水分補給をしましょう。
- ウイルス性でも脱水症のおそれがあったり、細菌性の場合に重症化すると合併症が心配されたりするので、早めに医師の診断を受けましょう。

急性中耳炎

かぜをひいた後、のどや耳についた細菌が、せきやくしゃみによって耳の奥にある中耳に入り、炎症を起こします。

【主な症状】

- 粘っこい、黄緑色の鼻水が続く。
- 耳に激しい痛みがあり、泣いたり耳に手を当てたりする。
- 黄色い耳だれが出ることもある。

あー
みみが
いたいよー

予防・対応・保護者へのアドバイス

- 耳鼻科や小児科で診断を受けましょう。
- 夜中に痛くなったときは、解熱鎮痛剤を飲ませ、翌日必ず耳鼻科や小児科で受診しましょう。
- 痛みが激しいときは冷やしましょう。
- 耳だれが多いときは、出てきた物だけをふき取りましょう。
- 治るまで入浴は控えましょう。

外耳
外耳道
鼓膜
三半規管
前庭
蝸牛
内耳
耳小骨
中耳腔
耳管
中耳

しん出性中耳炎

かぜや急性中耳炎の後、鼓膜の内側の中耳に、しん出液がたまって起きます。

鼻の奥から耳管にかけて炎症が起こり、鼓膜の動きが鈍くなって聞こえにくくなります。

【主な症状】

- 耳が聞こえにくくなるので、呼んでも返事をしなかったり、何度も聞き返してきたりする。
- 痛みや発熱などの目だった症状がないので気づきにくいが、発見が遅れると治りにくくなる。

○○ちゃん!

予防・対応・保護者へのアドバイス

- 耳鼻科や小児科で診断を受けましょう。
- 鼻水がたまると耳管の働きに影響するので、こまめに鼻をかみましょう。
- 乳幼児の耳はまだ未発達のため、かぜなどから中耳炎を起こしやすく、また、治っても再発しやすいです。日ごろから、手洗い・うがいを心がけましょう。

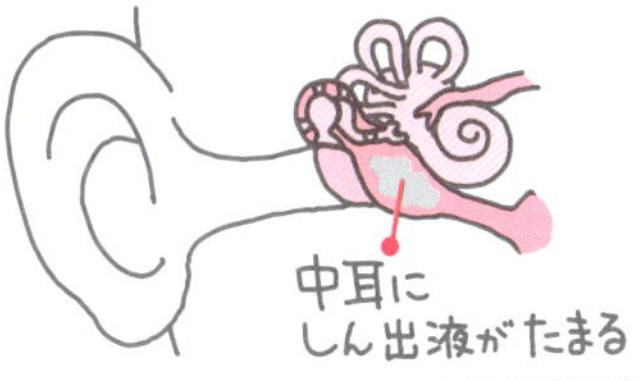
中耳に
しん出液がたまる

尿路感染症

細菌感染により、尿道から腎臓までの尿路（おしっこの通り道）に炎症が起こることです。

尿道炎・膀胱炎・腎盂炎・腎盂腎炎・腎炎と、感染場所によって病名が違いますが、子どもはどこが痛いのか伝えにくいため、まとめて尿路感染症といわれています。

【主な症状】

尿道炎・膀胱炎

- おしっこの回数が増え、排尿時に痛みや残尿感がある。
- 血尿が出ることもある。

腎盂《う》炎

- 上の症状のほかに、発熱やおう吐・下痢がある。

腎盂腎炎

- 高熱・食欲不振・腰痛・全身倦怠感などがある。

腎炎

ウイルスや細菌などに感染して、腎臓が炎症を起こします。

- 全身のむくみ・まぶたのはれ・全身倦怠感。
- おしっこの量が減り、色が濃くなる。血尿が出ることもある。
- 重症化すると、体重増加・頭痛・おう吐がある。呼吸が速くなり、意識がもうろうとする。ひきつけを起こすこともある。

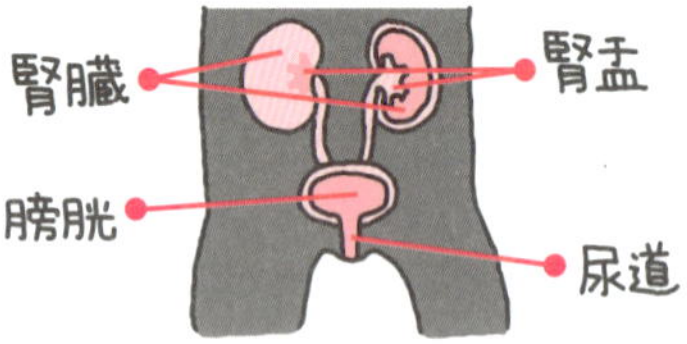

予防・対応・保護者へのアドバイス

- 感染が膀胱より上の尿路に進むと、より症状の重い腎盂腎炎になってしまい、入院治療が必要になります。症状が見られたら、早めに医師の診断を受けて、指示に従いましょう。
- 多めに水分補給をして、おしっこの量を増やすようにしましょう。
- 発熱すると脱水症状※P.157になりやすいので、こまめに水分補給をしましょう。
- おなかを冷やさないようにしましょう。

ネフローゼ症候群

腎臓の中の糸球体に障害が起こり、大量のタンパク質がおしっこといっしょに出てしまう腎臓病です。

【主な症状】

- 顔や足など、全身がむくんでくる。
- おしっこの量が減り、泡立ちやすくなる。
- おなかに水がたまるため、食欲不振になり、おう吐や下痢が起こることもある。

予防・対応・保護者へのアドバイス

- 入院して、治療が必要です。
- 再発しやすいので、退院後の生活にも十分に気をつけましょう。

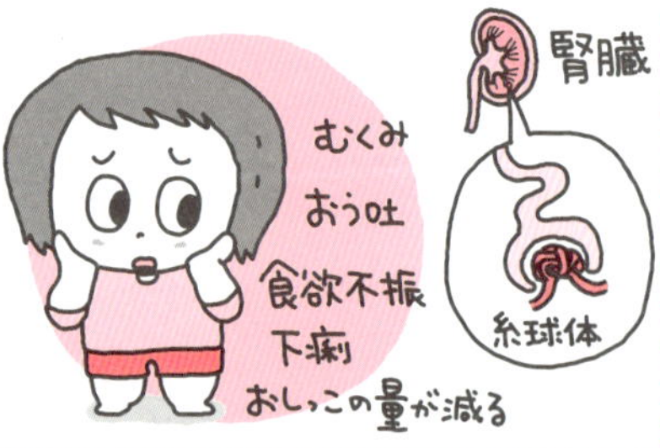

停留睾丸《ていりゅうこうがん》

睾丸は、胎児のとき腹腔《ふくこう》にありますが、出産が近づくと陰のうの中に降りていきます。

睾丸が腹腔の中や鼠径部《そけいぶ》にとどまったまま、降りてこない病気です。

【主な症状】

- 陰のうを触っても、睾丸の感触がない。
- 足の付け根あたりに丸いしこりがあり、触るとコロコロ動く。

あっ！タマタマがない！

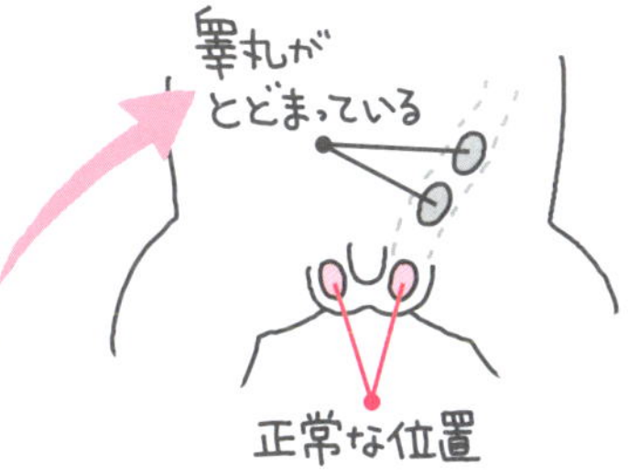
睾丸が
とどまっている
正常な位置

予防・対応・保護者へのアドバイス

- 1歳ごろにはしぜんに治ることが多いようですが、2歳になっても治らない場合は、手術が必要です。
- オムツ替えや入浴の際に確認しましょう。

腸重積症

腸の一部が腸の中に入り込んでしまい、肛門の方へ押し込まれて、締め付けられます。

生後3か月～2歳ぐらいまでの乳児の、特に生後6～8か月に多く見られる病気です。

【主な症状】

- 腹痛のため急にきげんが悪くなって激しく泣くが、すぐきげんが良くなる。繰り返しているうちにぐったりしてくる。
- 呼吸が速くなり、おう吐やイチゴジャムのような血便が出る。
- ひどくなると、血液が通わなくなり、患部が壊死《えし》(P.157参照)してしまう。

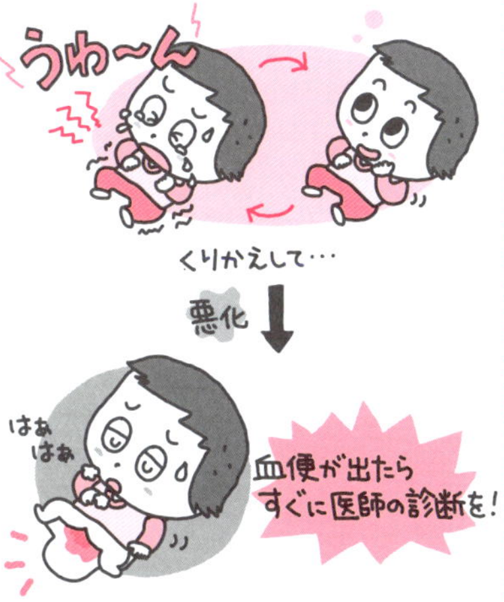
うわ〜ん
くりかえして…
悪化
はぁはぁ
血便が出たら
すぐに医師の診断を！

予防・対応・保護者へのアドバイス

- 血便が出たら、すぐに医師の診断を受けましょう。
- 発見が早ければ、高圧浣腸で治せます。
- 手術の場合は、潜り込んだ小腸の部分を切り取ります。
- 再発することもあるので、詳しい検査が必要です。

鼠径《そけい》ヘルニア(脱腸)

鼠径部(太ももの付け根)に腹膜鞘《しょう》状突起という袋があり、生まれてくるころに閉じます。

その袋が開いたままになっており、中に腸の一部が入り込んでしまう病気です。

【主な症状】

- 泣いたりうんちをしたりするとき、おなかに力を入れると、脱腸を起こす。
- 太ももの付け根や陰嚢部などに、ピンポン玉くらいの柔らかいこぶがある。
- 痛みはなく、こぶを指で押すと、おなかの中に引っ込む。
- 発熱していないのに、おう吐を繰り返したり、激しく泣いたりするときは、嵌頓《かんとん》ヘルニアを起こしている可能性がある。

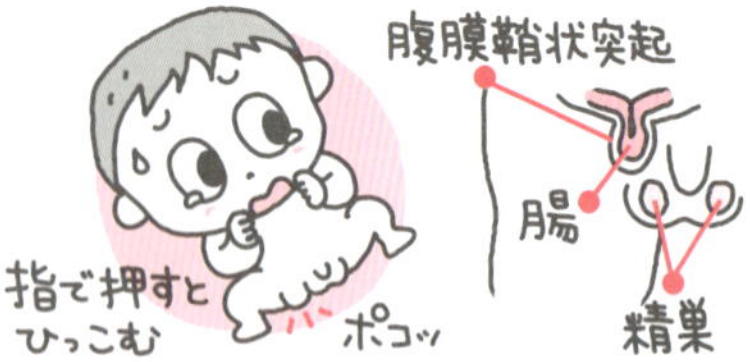

予防・対応・保護者へのアドバイス

- 医師の診断を受けて、指示に従いましょう。

嵌頓《かんとん》ヘルニア

入り込んだ腸が戻らない状態のことで、出ている腸が根本でしめつけられて、腸閉塞になります。

【主な症状】

- 激しく泣いて、おなかを痛がる。
- 足の付け根のこぶを押しても固くて動かず、元に戻らない。

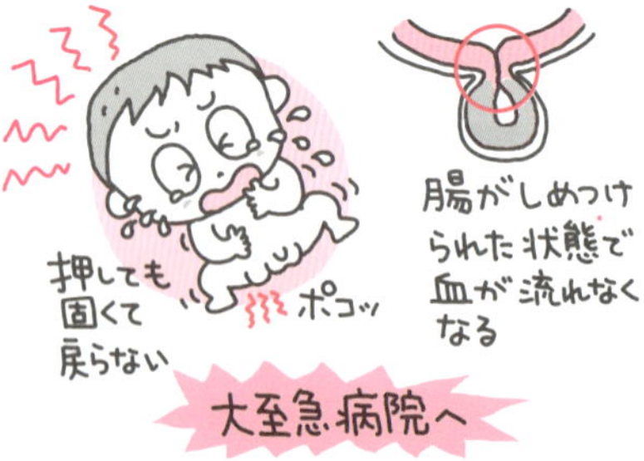

予防・対応・保護者へのアドバイス

- 締め付けられた部分が壊死《えし》(P.157参照)してしまうので、大至急病院へ行きましょう。

さいヘルニア(出べそ)

乳幼児はおなかの筋肉の発達がまだ不十分で、おへその元のところが開いたままになっています。そこから腸が出ている状態です。

【主な症状】

- 泣いたり力んだりすると、おへそが飛び出してくる。
- まれに手術が必要な場合もある。

予防・対応・保護者へのアドバイス

- 成長とともにおなかの筋肉が発達してくると、ほとんど1年以内には治ります。

自家中毒（周期性おう吐症・アセトン血性おう吐症）

原因は不明です。かぜや寝不足で疲れているときに、環境変化やストレスなどから、吐き気が起こると考えられています。

【主な症状】

- 急に元気がなくなり、腹痛・顔色が悪い・おう吐の症状が見られる。
- 激しいおう吐を繰り返して、ぐったりしてくる。
- 口の周りやおう吐物から、リンゴが腐ったような臭いがする。
- 高熱が出ることもある。

予防・対応・保護者へのアドバイス

- 体力をつける、精神的なストレスを感じさせないなどの配慮をしましょう。
- 症状がひどいときは、病院へ行きましょう。
- こまめに水分補給をしましょう。

川　崎　病

４歳以下の子どもに見られる、全身の血管が炎症を起こす病気ですが、原因はいまだに不明です。

【主な症状】

- 38℃以上の発熱があり、１週間近く続く。
- 全身に水疱を持たない赤い発しんが出る。
- 首のリンパ節や手足がはれ、目がまっかに充血する。
- 唇がはれ、舌にブツブツができる（イチゴ舌）。
- ＢＣＧのあとがまっかになる。
- 熱が下がってはれが引いた後は、皮膚が指先からポロポロむける。

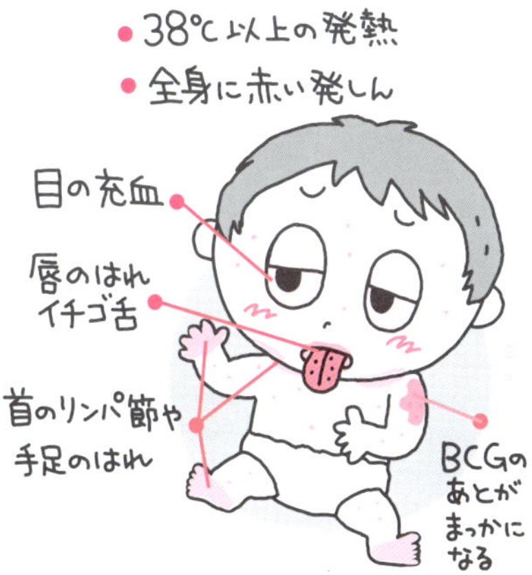

予防・対応・保護者へのアドバイス

- 症状が現れたら、必ず受診しましょう。
- 入院して治療します。後遺症の有無を調べる検査もあります。

髄膜炎（無菌性・細菌性）

脳や脊髄を包む髄膜に細菌やウイルスが侵入し、炎症を起こす病気で、ウイルス性（無菌性）と細菌性があります。

【主な症状】

◉発熱や頭痛・おう吐の症状が起こり、首の硬直・けいれん・意識障害などの症状を起こす場合もある。

ウイルス性（無菌性）

夏かぜや、おたふくかぜウイルスによるものが多い。

◉ほとんど重症化することはなく、安静にして水分補給をすれば、１～２週間でしぜんに治り、後遺症も残らない。

細菌性

化膿性髄膜炎とも呼ばれ、重症化するさまざまな原因菌（インフルエンザ菌・ブドウ球菌など）がある。

◉手足のまひや発達の遅れ、難聴・てんかんなど、後遺症が残ったり、死亡したりすることもある。

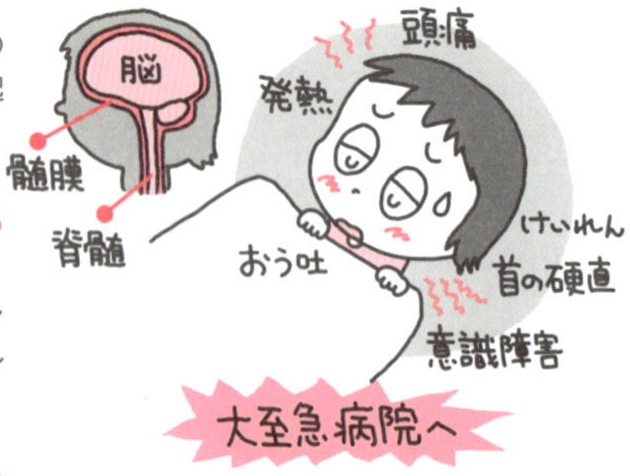

予防・対応・保護者へのアドバイス

●感染症などの病気から、合併症として発症しやすい病気です。症状が見られたら、大至急病院へ行き、完治するまで、医師の指示に従いましょう。

急性脳炎・急性脳症

急性脳炎と急性脳症は、症状や治療が同じなので、ひとくくりにされています。

ウイルスや細菌に感染して、脳内の神経細胞がはれたり傷んだりして障害を受け、脳に炎症が起こったり、なんらかの原因で脳内の圧力が急激に高まり、脳内の血液の循環が悪くなっていったりします。

原因となるウイルスは、インフルエンザウイルス、単純ヘルペス、麻しんウイルス、風しんウイルス、水痘・帯状疱しんウイルス、突発性発しんなどです。

【主な症状】

◉突然39℃以上の発熱をし、おう吐・ひきつけ・頭痛・手足のまひなどの症状が現れる。

◉意識障害になったり、ウトウトと眠ったままになったりすることもある。意識障害があったときは要注意。

◉運動障害や知的障害などの後遺症を残すこともある。

インフルエンザ脳症

インフルエンザにかかったときに発病する、重い合併症です。

◉上記の症状以外に、脈拍・血圧・呼吸の変化、瞳孔・眼球運動の異常、異常行動・言動などが見られる。

日本脳炎

日本脳炎ウイルスにより感染し、脳に炎症を起こします。

予防・対応・保護者へのアドバイス

●めったに起こる病気ではありませんが、早期発見・早期治療が大切です。症状が見られたら、大至急病院へ行きましょう。

●感染症などの病気から、合併症として発症しやすい病気です。完治するまで、医師の指示に従いましょう。

溶血性尿毒症症候群

病原性大腸菌O-157によって汚染された食べ物を食べることで発病する、腎臓や脳などを侵す病気です。

赤血球が壊れるタイプ・血小板の減少・急性腎不全タイプがあります。

【主な症状】

- 発熱・下痢・激しい腹痛・動悸・顔色不良貧血・むくみ・高血圧・おしっこが少ない。
- 脳に症状が現れて、けいれんや意識が損なわれることもある。
- O-157による下痢などが回復したころに発症してくることがあり、腹痛・血便が治まっても、１週間は注意して、経過を観察する必要がある。

予防・対応・保護者へのアドバイス

- 日ごろから手洗い・うがいをして、食中毒の予防意識を持ちましょう。
- 感染症などの病気から、合併症として発症しやすい病気です。症状が見られたら早めに受診し、完治するまで、医師の指示に従いましょう。

血小板減少性紫《し》斑《はん》病《びょう》

血小板が壊されて減ってしまい、いろいろな出血症状を引き起こす病気です。

【主な症状】

- 突然皮膚に細かい赤い斑点や紫斑が現れる。
- 鼻血や口の中の出血、粘膜からの出血もあり、血が止まりにくい。

予防・対応・保護者へのアドバイス

- 風しん・はしかの治りかけに出てくることがあります。完治するまで、医師の指示に従いましょう。

リウマチ熱

溶血性連鎖球菌（溶連菌）による細菌感染が原因で起こります。

【主な症状】

- 発熱・関節炎・心臓の雑音・弁膜・心内外膜・心筋の炎症などがある。

予防・対応・保護者へのアドバイス

- 感染症などの病気から、合併症として発症しやすい病気です。完治するまで、医師の指示に従いましょう。

急《きゅう》性《せい》糸《し》球《きゅう》体《たい》腎《じん》炎《えん》

溶連菌とその菌に対する抗体が結びつき、腎臓の糸球体が炎症を起こし、尿中にタンパクと血液が流れ出ます。

【主な症状】

- 全身がむくみ、おしっこが出なくなる。
- 赤ワイン色の血尿・タンパク尿が出る。
- 血圧が上がるなど。

予防・対応・保護者へのアドバイス

- 感染症などの病気から、合併症として発症しやすい病気です。完治するまで、医師の指示に従いましょう。

動物由来感染症（動物から人に感染する病気）一覧表

人と動物に共通する感染症「ズーノーシス」に対して、WHO（世界保健機関）では「脊椎動物と人の間で自然に移行するすべての病気または感染」と定義しています。ペットや野生動物に接するときは、過剰な接し方をしないように気をつけて、接触した後は必ず手を洗いましょう。

病　名	原因となる動物	感染経路	主な症状・予防
パスツレラ症	イヌ・ネコ	引っかき傷、かみ傷、鼻や口からの呼吸器感染	**主な症状**…かまれた場所が赤くはれる。まれに蜂窩織《ほうかしき》炎・骨髄炎・外耳炎・敗血症・髄膜炎。 **予防**…動物との過度な接触は避ける。部屋の空気を清潔に保つ。
レプトスピラ症	イヌ・ネズミ・家畜・野生動物	経口感染、皮膚感染	**主な症状**…発熱・悪寒・頭痛・筋肉痛・結膜充血。重症の場合は、黄疸・出血・腎機能障害。 **予防**…イヌのワクチン接種。動物の尿や汚染された水に直接触れない。
瓜実条虫症《うりざねじょうちゅうしょう》	（イヌやネコなどに寄生する）ノミ・シラミ	経口感染	**主な症状**…下痢 **予防**…ノミ・シラミの駆除。ノミをつぶすと汚染されるので、決してつぶさない。
狂犬病	イヌ・ネコ・アライグマ・キツネ・スカンク・コウモリなど、すべてのほ乳類	咬傷感染	**主な症状**…初期はかぜに似た症状。不安感・恐怖症・興奮・麻痺・錯乱などの神経症状が現れ、数日後に呼吸麻痺で死亡する。発症してしまうと、100%死亡する。 **予防**…ペットのワクチン接種。動物を輸入する場合は検疫を受ける。海外でむやみに動物に手を出さない。
エキノコックス症	キツネ・イヌ・野ネズミ・ブタ	経口感染	**主な症状**…肝腫大・腹痛・黄疸・肝機能障害を起こす。 **予防**…感染したイヌに駆虫薬を使用。虫卵がついている可能性がある山菜や野生果実、生水は加熱する。キツネを近づけないようにする。
イヌ・ネコ回虫症	イヌ・ネコ・キツネ・タヌキ・アライグマ	経口感染（感染した家畜の肝臓・肉の刺身など、生の臓器を食べて感染）、砂場に卵がある	**主な症状**…イヌ回虫・ネコ回虫：発熱・視力低下・脳炎　ヒト回虫：下痢・腹痛（日本では、ほとんど発生例なし）　アライグマ回虫：脳炎 **予防**…肝臓・肉は加熱した物を食べる。手洗いの徹底（特に砂場で遊んだ後）。
Q熱(コクシエラ症)	野生動物・野鳥・家畜・イヌ・ネコ・ダニ	経口感染	**主な症状**…軽度の呼吸器障害で治ることが多い。急性型の場合、インフルエンザに似た症状。悪寒を伴う発熱・頭痛・眼球後部痛・筋肉痛・食欲不振・全身倦怠感など。 **予防**…動物との過度な接触は避ける。未殺菌乳は飲まない。野山では長そでを着る。
ネコひっかき病	イヌ・ネコ・ノミ	咬傷、引っかき傷、ノミによる咬刺	**主な症状**…発熱・リンパ節腫脹・ズキズキ痛む **予防**…イヌ・ネコのノミ駆除
トキソプラズマ症	ネコ・ブタ・ヒツジ	経口感染	**主な症状**…リンパ節腫脹 **予防**…ネコにトキソプラズマ症に感染している生肉や小動物を食べさせない。肉（特に豚肉）は加熱した物を食べる。

病　名	原因となる動物	感染経路	主な症状・予防
オウム病	ハト・オウム・インコ	飛沫感染、経口感染	**主な症状…**発熱・せき・肺炎・筋肉痛・関節痛・頭痛・食欲不振・全身倦怠感、重症になると呼吸困難・意識障害 **予防…**鳥の羽やふんが残らないよう、清潔に掃除をする。世話をした後は、必ず手洗い・うがいをする。口移しでえさを与えない。
クリプトコックス症	ハト・ネコ（ネコエイズに感染している）	ハトの蓄積したふんの中で増殖する。止まり木に付着しており、ふんが乾いて舞い上がり、呼吸とともに人間の肺の中に取り込まれる吸入感染。	**主な症状…**肺クリプトコックス症：発熱・胸痛 クリプトコックス髄膜炎：中枢神経症状・死亡 **予防…**体力や免疫力が低下している場合は、ハトに近寄らない。
皮膚糸状菌症	イヌ・ネコ・ウサギ・ハムスター	接触感染	**主な症状…**円形発赤・水ぶくれ（湿った場所を好むため） **予防…**通気性の良い環境を整える。毛やふけでうつるので、こまめに掃除をする。
サルモネラ症	イヌ・ネコ・ウシ・ブタ・ニワトリ・は虫類（ミドリガメ・イグアナ）	経口感染	**主な症状…**発熱・腹痛・下痢 **予防…**動物を触った後は、ていねいに手洗いをする。
エルシニア（食中毒）	イヌ・ネコ・ウシ・ブタ・げっ歯類	経口感染（ふんの汚染物）	**主な症状…**発熱・腹痛・下痢・発しん **予防…**動物のふん便には触らない。動物に触った後は、ていねいに手洗いをする。
カンピロバクター	イヌ・ネコ・ウシ・ニワトリ	経口感染（ふんの汚染物）	**主な症状…**発熱・腹痛・おう吐・下痢 **予防…**動物に触った後は、ていねいに手洗いをする。
ニューカッスル病	鳥全般	接触感染	**主な症状…**結膜炎・耳下腺炎・インフルエンザ様疾患 **予防…**ニワトリにワクチン接種をする。
コリネバクテリウム・ウルセランス菌（ジフテリアによく似ている）	イヌ・ネコ ※原因などはまだよくわかっていないが、厚生労働省が注意を呼び掛けている。	接触感染または飛沫感染	**主な症状…**発熱・鼻水・咽頭痛・せき・頸部リンパ節腫脹 **予防…**動物を触った後は、ていねいに手洗いをする。

※拡大コピーして保育室の見やすいところにはるなどして、常にチェックしましょう。

付録①はって便利! 一覧表

予防接種一覧表

予防接種には公費で接種できるものと任意（自費）で接種するものがありますが、いずれも時期や回数・間隔などが決められているので、注意が必要です。どんな予防接種があるのか、保育者として知っておきましょう。

■定期接種（決まった期間内に公費で受けられる）

出典「日本小児科学会が推奨する予防接種スケジュール」2021年3月24日版

ワクチン名	ワクチンの種類と接種方法	標準的接種年齢と接種期間（日本小児科学会の考え方）	生直後	6週	2か月	3か月	4か月	5
インフルエンザ菌b型（ヒブ） ※細菌性髄膜炎や喉頭蓋炎など	不活化ワクチンの皮下注射	①-②-③はそれぞれ27-56日（4-8週）あける。③-④は7-13か月あける。（注1：④は12か月から接種することで適切な免疫が早期に得られる。1歳をこえたら接種する。）			①	②	③	
肺炎球菌（PCV13） ※細菌性髄膜炎、肺炎、重い　中耳炎など	不活化ワクチンの皮下注射	①—②—③はそれぞれ27日（4週）以上あける。③-④は60日（2か月）以上あけて、かつ、1歳から1歳3か月で接種。			①	②	③	
B型肝炎 ユニバーサルワクチン	不活化ワクチンの皮下注射	①生後2か月。②生後3か月。③生後7-8か月。①-②は27日（4週）以上、①—③は139日（20週）以上あける。（家庭内に母親以外のHBVキャリアがいる場合は、生後2か月まで待たず、早期接種が望ましい。）			①	②		
B型肝炎 母子感染予防のためのワクチン		①生直後。②1か月。③6か月。	①	②				
ロタウイルス 1価	生ワクチンの経口投与	生後6週から接種可能、①は8-15週未満を推奨。1価ワクチン（ロタリックス®）:①-②は、4週以上あける（計2回）。5価ワクチン（ロタテック®）：①-②-③は、4週以上あける（計3回）。（生後15週以降は、初回接種後7日以内の腸重積症発症リスクが増大するので、原則として初回接種を推奨しない。）			①	②		
ロタウイルス 5価					①	②	③	
4種混合 ※ジフテリア、百日ぜき、破傷風、ポリオ（DPT—IPV）	不活化ワクチンの皮下注射	①-②-③はそれぞれ20-56日（3-8週）あける。				①	②	
3種混合（DPT）	不活化ワクチンの皮下注射	①-②-③はそれぞれ20-56日（3-8週）あける。⑤5歳以上7歳未満、④より6か月以上あける。（注7:就学前児の百日咳抗体価が低下していることを受けて、就学前の追加接種を推奨。）		（注6）③-④は6か月以上あけ、標準的には③終了後12—18か月の間に接種。		①	②	
ポリオ（IPV）	不活化ワクチンの皮下注射	⑤5歳以上7歳未満。（注8:ポリオに対する抗体価が減衰する前に就学前の接種を推奨。）				①	②	
BCG ※結核	生ワクチンのスタンプ方式	12か月未満に接種。標準的には5—8か月未満に接種。（結核の発生頻度の高い地域では、早期の接種が必要である。）						
麻しん・風疹混合（MR）	生ワクチンの皮下注射	①：1歳以上2歳未満。②：5歳以上7歳未満。（注9）小学校入学前の1年間。						
水痘	生ワクチンの皮下注射	①:生後12—15か月。②:1回目から6—12か月あける。（注10:水痘未り患で接種していない児に対して、積極的に2回接種を行なう必要がある。）						
日本脳炎	不活化ワクチンの皮下注射	①、②：3歳、①-②は6-28日（1-4週）あける。③：4歳、②から1年あける。（日本脳炎流行地域に渡航・滞在する小児、最近日本脳炎患者が発生した地域・日本脳炎抗体保有率が高い地域に居住する小児に対しては、生後6か月から日本…クチンの接種開始を推奨する。日本小児科学会HP「日本脳炎り患リスクの高い…する生後6か月からの日本脳炎ワクチンの推奨について」を参照）						

■任意接種（任意に自費で受けることができる）

ワクチン名	ワクチンの種類と接種方法	接種が定められている時期と接種回数	生直後	6週	2か月	3か月	4か月	5
流行性耳下腺炎《じかせんえん》（おたふくかぜ）	生ワクチンの皮下注射	①：1歳以上（注11：予防効果を確実にするために、2回接種が必要である。①は1歳を過ぎたら早期に接種、②はMRと同時期（5歳以上7歳未満で小学校入学前の1年間）での接種を推奨する。）						
インフルエンザ	不活化ワクチンの皮下注射	①-②は4週（2-4週）あける						

※公益社団法人日本小児科学会、国立感染症研究所などのホームページで、最新の情報をご確認ください

予防接種に使われる薬剤を、ワクチンといいます。

- 生ワクチン…生きた細菌やウイルスの毒性を弱めたもの。4週間以上あけると次のワクチンが接種できる。
- 不活化ワクチン…細菌やウイルスを殺し、抵抗力(免疫)を作るのに必要な成分を取り出して毒性をなくして作ったもの。1週間以上あけると次のワクチンが接種できる。
- トキソイド…毒素の毒性をなくし、免疫原性だけを使う。

※同時接種については、必ずかかりつけの医師に相談しましょう。

…定期接種の推奨期間　…定期接種の接種可能な期間
…任意接種の推奨期間　…任意接種可能な期間

か月	7か月	8か月	9-11か月	12-15か月	16-17か月	18-23か月	2歳	3歳	4歳	5歳	6歳	注意事項
				④（注1）								定期接種として、①—②—③の間はそれぞれ27日以上③—④の間は7か月以上あける。7-11か月で初回接種：①、②の後は7か月以上あけて③、1—4歳で初回接種：①のみ。リスクのある患者では、5歳以上でも接種可能。
				④						(注2)		7—11か月で初回接種：①、②の接種後60日以上あけて1歳以降に③。1歳—23か月で初回接種：①、②を60日以上あける。2—4歳で初回接種：①のみ。（注2：任意接種のスケジュールは、日本小児科学会ホームページ「任意接種ワクチンの小児（15際未満）への接種」を参照）
	③			（注3）								注3：乳児期に接種していない児の水平感染予防のための接種、接種間隔は、ユニバーサルワクチンに準ずる。
③												母親がHBs抗原陽性の場合、出生時、ワクチンと同時にHB免疫グロブリンを投与するが、接種費用は健康保険でカバーされる。（詳細は日本小児科学会HP「B型肝炎ウイルス母子感染予防のための新しい指針」を参照）
												（注4）計2回、②は、生後24週未満までに完了すること 。（注5）計3回、③は、生後32週までに完了すること。1価と5価の互換性は確認されておらず、取り寄せるなどして同じワクチンでの完了を最優先させる。定期接種では嘔吐時の再投与は認められていない。（詳細は厚生労働省HP「ロタウイルスワクチンに関するQA&」を参照。）
				④（注6）								定期接種として、①—②—③の間はそれぞれ20日以上あける。2021年3月時点で就学前の3種混合ワクチンとポリオワクチンの接種を4種混合ワクチンで代用することは承認されていない。4種混合ワクチンは4回までの接種に限られ、5回目以降の追加接種については、3種混合ワクチンかポリオワクチンを用いる。
				④（注6）						⑤（注7）		⑤は0.5mlを接種。
				④（注6）						⑤（注8）		
				①						②（注9）		麻疹曝露後の発症予防では、麻しんワクチンを生後6か月以降で接種可能、ただし、その場合、その接種は接種回数には数えず、①、②は規定通り接種する。
				①		②		（注10）				定期接種として、①-②の間は3か月以上あける。13歳以上では、①-②の間を4週間以上あける（任意接種）。
								①②	③			1回接種量: 6か月-3歳未満: 0.25mL;3歳以上: 0.5mL。定期接種では、生後6か月から生後90か月（7歳6か月）未満（第1期）、9歳以上13歳未満（第2期）が対象、①-②は6日以上、③は②より6か月以上の間隔をあける。

…任意接種可能な期間　…任意接種の推奨期間

か月	7か月	8か月	9-11か月	12-15か月	16-17か月	18-23か月	2歳	3歳	4歳	5歳	6歳	注意事項
				①						②（注11）		（注11）小児科学会として推奨する期間。
毎年（10月、11月などに）①②												13歳未満：2回、13歳以上：1回または2回（原則1回）、1回接種量:6か月-3歳未満: 0.25mL;3歳以上: 0.5mL。

食物アレルギーとは?

体には、入ってきた異物を取り除く「免疫反応」という生体防御システムがあります。そのシステムが過剰に反応し、本来異物ではない食べ物を体が異物と判断し、その結果起こる状態が「食物アレルギー」です。

ある特定の食べ物（卵・牛乳・小麦など）を口にすることによって、じんましん･下痢･腹痛などのアレルギー反応が出ます。

アナフィラキシーショック

アレルゲンである食べ物を口にしてから30分以内に、呼吸困難･けいれん･チアノーゼ※P.157･意識障害・ショックなど、激しい症状（急性アレルギー反応）が出る状態で、場合によっては死亡することもあります。

子どものようすがおかしいと思ったら、すぐに救急車を呼びましょう。

食物アレルギーを起こしやすい食材一覧表

発症数が多く重篤度が高い食材				
 小麦	 そば	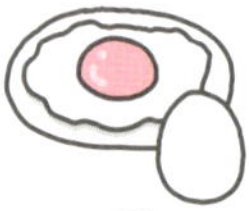 卵	 牛乳	 落花生

重篤な健康被害が見られる食材				
 アワビ	 イカ	 イクラ	 エビ	 カニ
 サケ	 サバ	 牛肉	 鶏肉	 豚肉
 大豆	 ヤマイモ	 オレンジ	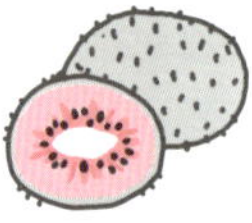 キウイフルーツ	 モモ
 リンゴ	 バナナ	 クルミ	 マツタケ	 ゼラチン

※上に示した物は一例です。参考資料　厚生労働省：「アレルギー物質を含む食品に関する表示について」

プールに入るときに注意すべき病気

プールに入れるかどうかの明確な基準はありません。必ず医師と相談し、保護者からの申告も含めて、その日の子どもの体調・症状を見極めて判断しましょう。

その子どものためだけでなく、プールではかの子どもへの感染を防ぐという意味でも大切です。

病　名	感染経路	プールに入れる条件・注意点
ヘルパンギーナ	飛沫感染、接触感染、糞口感染	熱がなく、普通に食事ができること（解熱後１日以上経過）。
手足口病	飛沫感染、糞口感染	熱がなく、普通に食事ができること（解熱後１日以上経過）。
水いぼ（伝染性軟属腫《なんぞくしゅ》）	接触感染（タオルやビート板・浮き輪などを共有することで、間接感染）	かき壊し傷から滲出液が出ているときは、ガーゼなどを当てる。 タオルやビート板・浮き輪の共用は避け、プールの後は体をよく洗い流す。
アタマジラミ	接触感染	駆除を開始していること。 タオルやくしなどの共用は避ける。
プール熱（咽頭結膜熱）	飛沫感染	主要症状の消失後、２日を経過するまで。 タオルの共有は避け、感染者の使ったタオルなどは、熱湯消毒した後洗濯する。
はやり目（流行性角結膜炎）	プールの水・手指・タオルなどから接触感染	結膜炎の症状が消失してから。 タオルや目に触れる物の貸し借りや共用は避け、感染者が触った物は、せっけんで洗ったり消毒したりする。
とびひ（伝染性膿痂疹《のうかしん》）	接触感染	水疱やびらん（ただれ）がなく、皮膚が乾燥して完治していること（プールでは感染しないが、皮膚がふやけると症状が悪化する）。
外耳炎	細菌による感染	炎症が治るまで（プールでは感染しない）。
急性中耳炎	細菌による感染（かぜのとき、のどから耳管を通って細菌が中耳に入る）	耳鼻科で治療を受け、完治するまで（プールでは感染しない）。
しん出性中耳炎	かぜや急性中耳炎の後、鼓膜の内側の中耳に、しん出液がたまって炎症が起きる。	耳鼻科で治療を受け、完治するまで（プールでは感染しない）。
ちくのう症（慢性副鼻腔炎）	細菌による感染（かぜのとき、鼻の周りの副鼻腔に細菌が入って炎症を起こし、うみがたまる）	耳鼻科で治療を受けて完治するか、医師と相談したうえで判断（プールでは感染しない）。

※拡大コピーして保育室の見やすいところにはるなどして、常にチェックしましょう。

付録②いざというときのために!

救急車を呼ぶときは…

思いがけない事故や突然の発病など、緊急なときこそ冷静になり、落ち着いて救急車を呼びましょう。下記手順の、赤字部分がポイントです。

園の住所や目印・電話番号などは、電話機のそばに表示しておき、正確に伝えられるようにしましょう。

園の職員全員で協力して対応できるように、緊急時の役割を決めておいたり、避難訓練後の会議のときに、みんなでシミュレーションしてみたりするのもよいでしょう。

救急車を呼ぶ手順

①局番なしの**119**に電話をかける。

②**「火事ですか?　救急ですか?」**と聞かれたら、**「救急です」**と答える。

③園の**住所**と、近くにある**目印**などを伝える。

④事故の**状況**や病気の**症状**などを説明する。

⑤自分の**名前**と園の**電話番号**を伝える。

⑥到着までの指示を受けて、**応急処置**をする。

⑦人手があれば、救急車の誘導をする。

⑧事情のわかる人が同乗する。指定したい病院がある場合は、救急隊員に頼んでみる。

緊急連絡先

連絡機関	電話番号

※園外保育のときなど、携帯電話から１１９にかける場合は、所在や目標物を確かめてから通報しましょう。

※災害救急情報センター（１１９番受付場所）から電話がかかってくることもあるので、通報後10分間程度は、携帯電話の電源を切らないようにしましょう。

正しい止血の方法

止血は「直接圧迫止血法」が基本です。直接圧迫で出血が止まらないときは「止血帯法」を行ないますが、止血帯法の講習を受けていない人が行なうと、かえって患者の状態を悪化させてしまうこともあります(P.157参照)。

出血が止まらない場合は救急車を呼び、そのとき聞いた指示に従いましょう。

直接圧迫止血法

- 清潔なガーゼやハンカチ・タオルなどを重ねて傷口に当て、その上から手で圧迫する。
- 片手で押さえても止まらない場合は、両手で押さえて、体重を掛けながら圧迫する。

※感染予防のため、直接血液に触れないように、使い捨て手袋やポリ袋を使いましょう。

備えておきたい救急用品

清浄綿・救急ばんそうこう・医療用ばんそうこう・サージカルテープ・三角きん・包帯・ガーゼ・脱脂綿・消毒液・綿棒・体温計・とげ抜き(ピンセット)・手指消毒液・マスク・駆血帯などの応急処置用具をセットにして、いつでもすぐに使える場所に置いておきましょう。外出時用の携帯セットも用意して、園外保育などに行くときも忘れずに持って行きましょう。

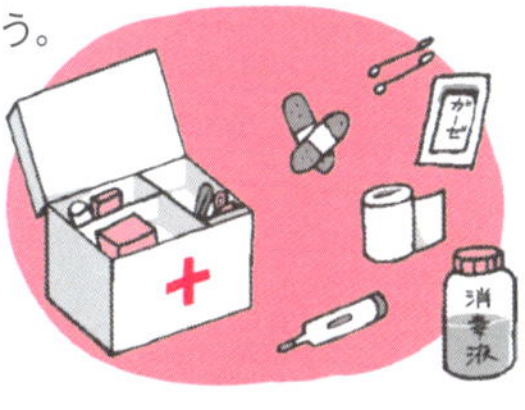

三角きんでの固定のしかた

腕を骨折した場合は、患部に添え木を当て、包帯や三角きんで固定します(P.89参照)。

①三角きんを図のように骨折した腕のわきに挟み、腕を包むようにして下の端を上げる。

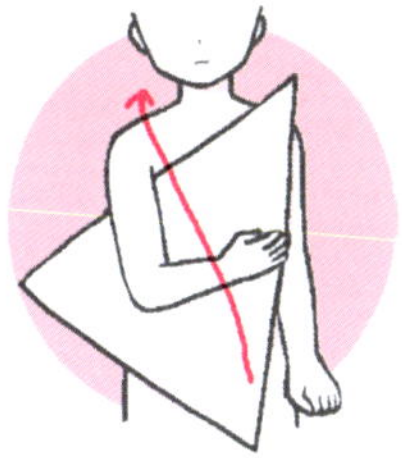

②ひじが下がらない位置に固定できるように調節して、子どもの首の後ろで両端を結ぶ。

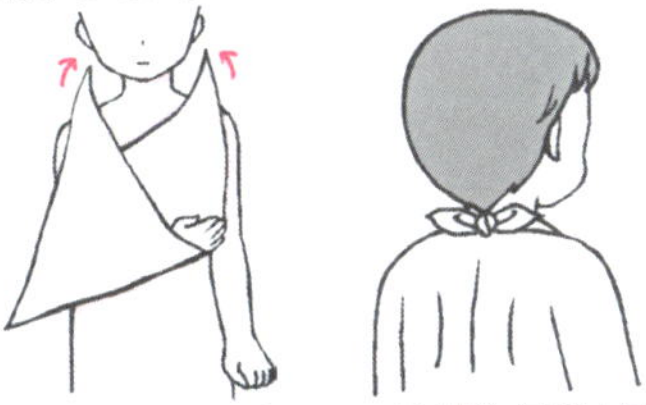

③ひじのところで余っている部分を留め結びにして内側に入れるか、安全ピンで留める。

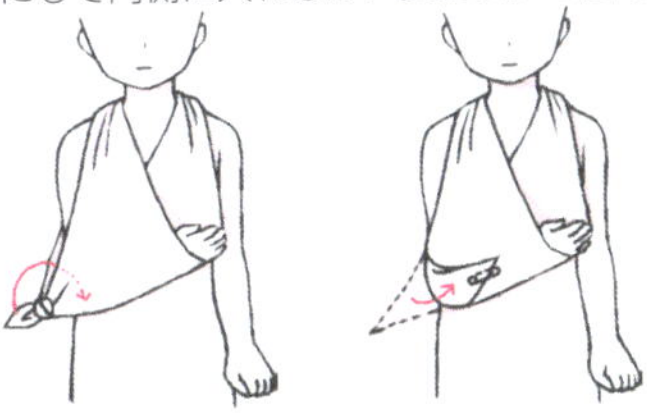

④上から細長く折った布を図のように巻いて、動かないようにさらに体に固定してもよい。

心肺蘇生の方法

呼び掛けても軽く肩をたたいても反応や返事がない場合は、すぐに応援を呼び、119番への通報やＡＥＤを持ってくるように依頼しましょう。胸とおなかの動きを見て10秒以内に呼吸を確認し、止まっている場合はただちに心肺蘇生法を行ないます。

保育者はいざというときに慌てないように、研修会や講習会での訓練に参加するなどして、正しい知識や行ない方を身につけておきましょう。

1 心臓マッサージ（胸骨圧迫）

意識がなく呼吸もしていない場合は、心臓が停止していることがあります。すぐに心臓マッサージと人工呼吸を始めましょう。押さえるスピードは、１分間に少なくとも100回のテンポで、心臓マッサージ30回・人工呼吸２回を、繰り返し行ないます。

１歳未満

①平らな場所にあおむけで寝かせる。
②胸骨の中央（左右の乳頭を結んだ線の中心あたり）から指１本分下に指先を当てる。
③２本の指で、胸の厚さの約３分の１の深さまで押さえる。

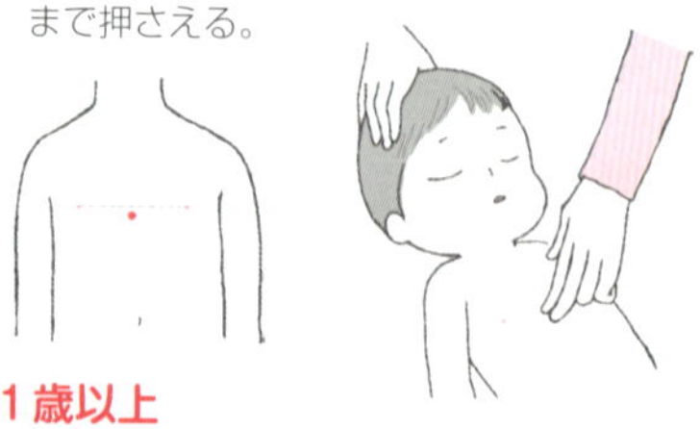

１歳以上

①平らな場所にあおむけで寝かせる。
②胸の真ん中または左右の乳頭を結ぶ胸骨下半分に手のひらを当てる。
③両手または片手で、ひじを伸ばし真っ直ぐ下に向かって、胸の厚さ約３分の１の深さまで押さえる。

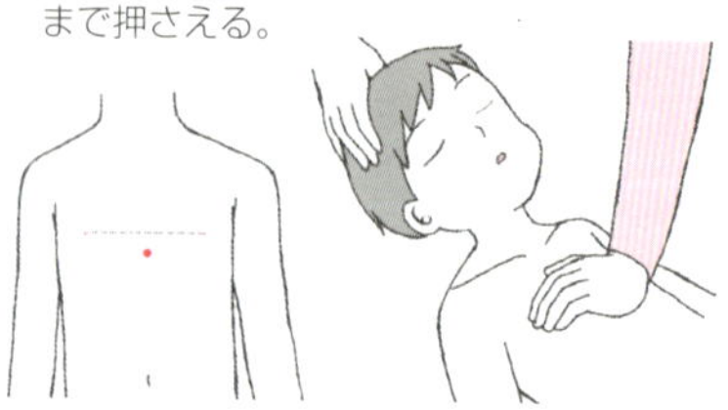

2 気道確保

意識を失うと舌がのどの奥に引っ込み、気道をふさいでしまいます。窒息を防ぐために、以下のことを行ないましょう。

①子どもをあおむけで寝かせる。

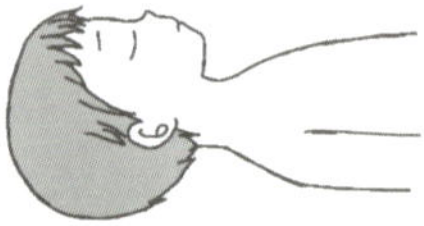

②手を額に置く。

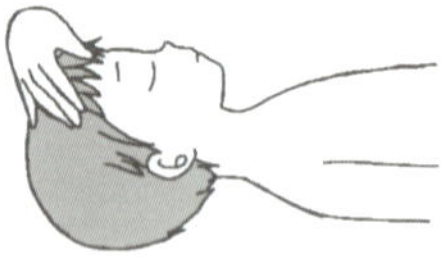

③反対側の手のひとさし指と中指を子どものあご先に当てて、頭を後ろにのけぞらせる（あご先を上げて、口や鼻から肺まで空気が入るようにする）。

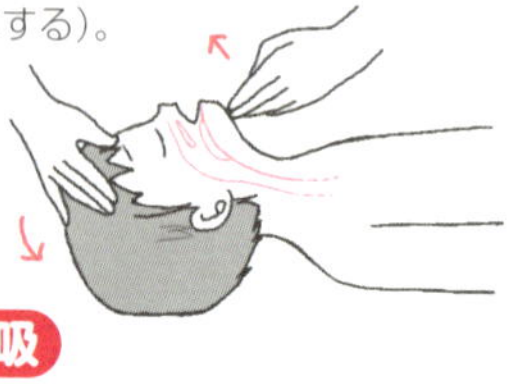

3 人工呼吸

脳が酸素不足を起こすと、機能障害になります。一刻も早く人工呼吸を始めましょう。

●気道を確保した後、子どもの鼻をつまんで、口で口を（１歳未満は口と鼻を同時に）覆い、１秒掛けて、息を２回吹き込む。

4 AEDの使い方

ＡＥＤ(自動体外式除細動器)とは、心臓が止まって倒れている人に対して、そこにいる人たちがだれでもその場で使えて、命を救うことができる機器です。駅や公共施設などに設置されています(機種によって、形や音声ガイダンスが異なる)。

①ふたを開けて電源を入れる（ふたを開けると自動的に電源が入る機種もある）。

②パッドを取り外し、はりつける(絵に表示されているのでそれに従って、右前胸部・左側胸部にはる)。心電図の解析(音声メッセージに従う)が始まるので離れる。

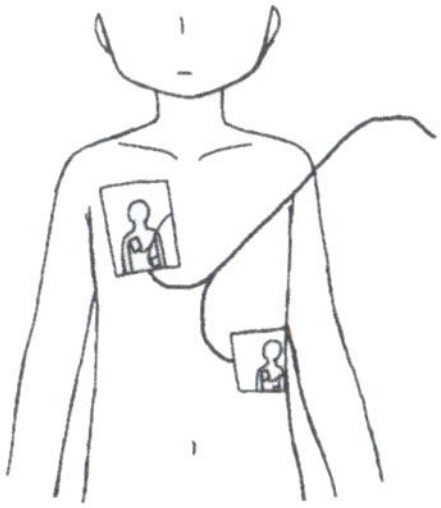

③電気ショックが必要な場合は、自動的に充電が始まる。「ショックボタンを押してください」というメッセージが流れて、ショックボタンが点滅する。

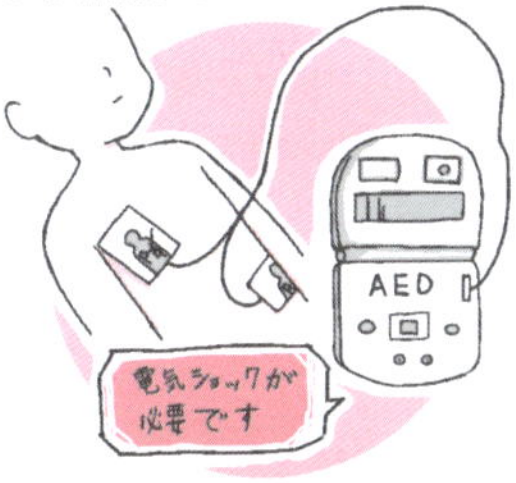

④さらに「電気ショックを行ないます。みんな離れてください！」と注意をして、だれも触っていないことを確認してからボタンを押す。

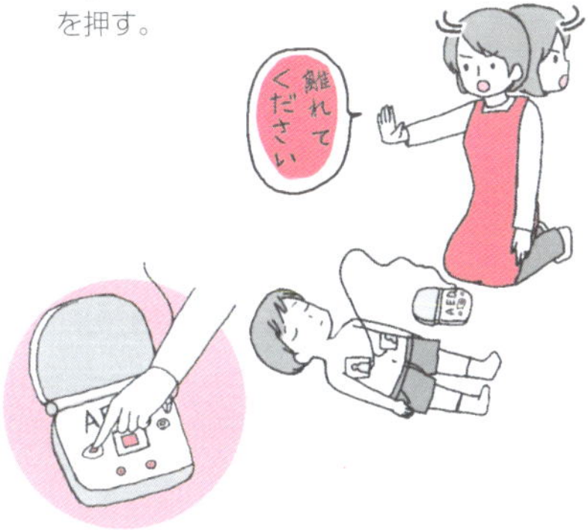

⑤電気ショックを行なった後や、「ショックは不要です」などのメッセージが流れた場合は、心臓マッサージと人工呼吸を行なう。

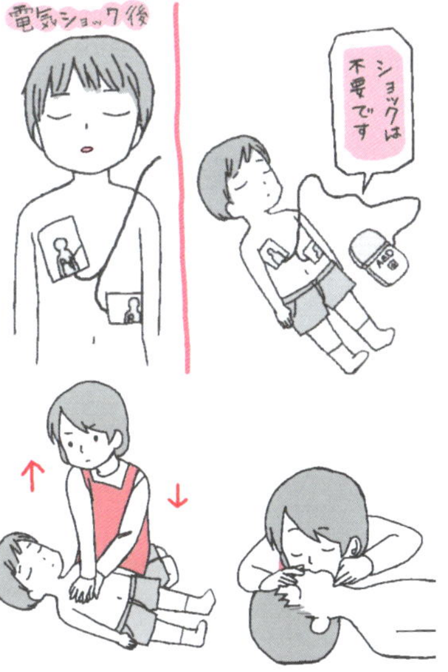

⑥救急隊に引き継ぐまでは心肺蘇生法を続けて、ＡＥＤの電源も入れたままにしておく。

※参考資料　日本小児救急医学会　JRC(日本版)ガイドライン2010　小児の蘇生

付録③その他知っておきたいこと

チック

　自分で意識することなく繰り返す筋肉運動のことです。

　原因はよくわかっていませんが、脳の中にある大脳基底核が関係しているという説があります。大脳基底核は、いろいろな情報を調節し、体の動きを滑らかにする働きをしていますが、そこで使われるドーパミンの受け取り手が過敏に反応して起こるのではないかと考えられています。大脳皮質や大脳辺縁系なども関係しているといわれています。

　精神的ストレスが加わって悪化するなど、環境要因が関与しているようです。

主な症状 まばたき・顔をしかめる・首の動き・せき払い・鼻を鳴らす・体をねじったり揺すったりする・腕や肩を振り回すなど。

対応 症状が見られても、子どもや周りの人が意識しないようにしましょう。子どもを取り巻く環境も見直してみましょう。

指しゃぶり・つめかみ

　緊張したときや不安定なときなどに、つめをかんだり舌や唇をなめたりする子どもがいますが、緊張をほぐすためのひとつの反応と考えられています。

　ストレスの現れだともいえますが、病的な意味を持つことはなく、一時的なことでなくなってしまうことが多いようです。

対応 優しくことばがけをしながら経過を見守ると、しぜんになくなっていくでしょう。

過敏性腸症候群

　ストレスなどによって、腸の運動をコントロールしている自律神経の働きが乱れることによって起こります。

主な症状 便秘や下痢など、便通の異常が現れ、腹部の不快感や腹痛・めまい・動《どう》悸《き》・肩こり・頭痛や不眠などの自律神経失調症などがあります。

対応 子どものストレスを取り除く、刺激のある物を食べさせないといった、日常生活での注意を心がけることが大切です。

夜尿症（おねしょ）

　夜に限られていて、ほかの病気との合併（夜尿症候群）でない場合は、中枢神経系の発達が遅れていることが主な原因と考えられています。

対応 5歳児になっても1週間のうち2晩以上おねしょをして、3か月以上続く場合は、一度病院で診断してもらいましょう。

　ストレスや環境の変化が影響を与えているとも考えられます。しかったりプレッシャーを与えたりしないようにしましょう。

乳幼児突然死症候群(SIDS)

それまで元気だった子どもが、寝ている間に突然亡くなってしまう病気です。生後0～6か月くらいに多く見られ、まれに1歳以上で発症することもあります。

はっきりした原因はまだわかっていませんが、いくつかの共通点が挙げられます。

対応① SIDSは、うつぶせ寝のほうが発症率が高いので、あおむけで寝かせましょう。

対応② 人工乳が悪いというわけではありませんが、できるだけ母乳を飲ませるようにしたほうが良いようです。

対応③ たばこの副流煙が、SIDS発症の大きな危険因子となっているというデータがあります。妊婦自身の喫煙や子どものそばでの喫煙は控えて、子どもを喫煙場所の近くには連れて行かないようにもしましょう。

脱水症状

人間の体重の6割は水分が占めているといわれており、この水分が正常の状態よりも不足している状態のことです。

主な症状 皮膚や粘膜の乾燥・血圧の低下・脈が正常より速くなるといった症状が現れ、ほうっておくとショック状態や意識障害などを引き起こすこともあります。

対応 水分補給や点滴を受けるなどして、水分バランスを正常に戻す治療を行ないましょう。

水分をとる
ちゃんと飲んでるわね
チュパッ
チュパッ

チアノーゼ

動脈の血液中の酸素濃度が低下して、つめや唇などが紫色に見えることです。

赤血球の中には、酸素を運ぶヘモグロビンという鉄と結合したタンパク質が含まれ、正常な動脈血では98～100%が酸素と結合し、血液の赤い色の元となっています。しかしなんらかの原因でヘモグロビンの割合が低下すると、毛細血管が見えやすいつめや唇が紫色に見えるようになります。先天性の心臓病や、重症の呼吸器の病気を持つ人に多く見られる症状です。

対応 心肺停止のおそれがある場合は、迷わず救急車を呼びましょう。

壊死《えし》

体を作っている組織の一部や、一部の細胞が死んだ状態のことです。

知識・経験の乏しい人が「止血帯法」(P.153参照)を行ない、患部付近を縛ったままにしておくと、縛ったか所から先が壊死してしまう危険性があるので、気をつけましょう。

体温の計り方

- 汗をよくふいて測定します。わきの下のいちばんくぼんだところに、体側に対して30～45°の角度で、体温計の先を差し込みます。
- 運動直後や食後は体温が高くなっています。30分以上たってから計るようにしましょう。
- 日本人の平均的な体温は、36.5～37.2℃です。子どもの平熱を把握して、ふだんとの差が判断できるようにしておきましょう。

体温計の種類と特徴

水銀体温計…測定に10分程度かかりますが、もっとも正確に測定できます。

電子体温計…約3分間で実測に近い体温を予測する体温計で、そのまま10分程度計ると、実測と同じ結果が出ます。

耳式体温計…1～数秒で測定でき、赤ちゃんの体温測定など、わきに挟んで計るのが難しい場合に適しています。

児童虐待のケースと対応

児童虐待防止法によると、虐待には、身体的虐待・性的虐待・ネグレクト・心理的虐待があります。

身体的虐待

- 不自然な傷(打撲・あざ・骨折・頭部外傷・内臓損傷・刺し傷・やけどなど)がある。
- 生命に危険のある暴行(首を絞める・殴る・ける・投げ落とす・激しく揺さぶる・熱湯を掛ける・おぼれさせる・食事を与えない・寒い日に戸外に閉め出すなど)を加える。
- 意図的に子どもを病気にさせる。

性的虐待

- 子どもへの性交や性的暴行、性的行為の強要・教唆。
- 性器を触る、触らせるなどの性的暴行、性的行為の強要・教唆。
- 性器や性交を見せる。
- 子どもをポルノグラフィーの被写体などに強要する。

ネグレクト

- 子どもの健康・安全への配慮を怠っている(家に閉じ込める・病院に連れて行かない・乳幼児を残したまま、たびたび出かけたり、車の中に放置したりする)。
- 必要な情緒的欲求にこたえていない。
- 食事・衣服・住居などが極端に不適切、健康状態を損なうほど無関心・怠慢（食事を与えない・下着を替えない・汚いところで生活をさせる）など。
- 子どもを遺棄する。
- 祖父母・兄弟・恋人などの同居人が虐待をしているにもかかわらず、それを放置する。

心理的虐待

- 言葉による脅し・脅迫。
- 子どもを無視したり、拒否的な態度を示したりする。
- 子どもの心を傷つけることを繰り返す。
- 自尊心を傷つけるような言動。
- ほかの兄弟とは著しく差別的な扱いをする。
- 配偶者やほかの家族などに対して暴力を振るう。

児童虐待に気づいたら…

子どものようすは、朝の健康観察・子どもに対しての保護者の接し方・体重測定などで体の状態を見るなど、いろいろな場面で確認できます。「おかしいな？」と思ったら、園長・主任・ほかの保育者・養護教諭・看護師・児童相談所などと相談しましょう。園でできることを考えて、子育ての疲れや悩みを抱えている保護者には、話を聞くなどします。

児童虐待は、目に見える体の傷やあざだけでなく、子どもの心も深く傷つけてしまいます。子どものサインにできるだけ早く気づき、子どもが安心できる環境をつくりましょう。

保育者の健康管理

子どもたちが安心して生活できるように、保育者も規則正しい生活を心がけ、感染に関する知識を身につけておきましょう。

※拡大コピーして保育室の見やすいところにはるなどして、常にチェックしましょう。

■清潔な服装と頭髪ですか？

保育者の服装や髪型は、保護者や子どもたちもよく見ています。清潔感があり、かわいらしさが感じられるような服装を心がけていきましょう。

髪が長い場合はくくり、清潔にしておきましょう。

■つめは短く切っていますか？

つめが長いと、引っかくなどケガの原因になります。

また、つめの間にゴミや菌が入ることも考えられますので、短くしておきましょう。

■日々の体調管理はできていますか？

早起き・早寝や、食事をしっかり食べるなどして規則正しい生活を送り、体調管理には十分に気をつけておきましょう。

体がしんどいと、思うような保育ができず、子どもにしわ寄せが及びます。

■症状が出たら、速やかな受診を！

発熱・せき・おう吐・下痢などの症状が出て、感染症の可能性がある場合は、速やかに病院へ行きましょう。無理をして出勤すると、感染拡大の原因になります。

■手洗いは徹底していますか？

遊んだ後や食事前などは、子どもといっしょにせっけんでていねいに手洗いしましょう。

予防には手洗いがいちばんです。

■おう吐物・排せつ物の処理は？

感染源となりうる物（おう吐物・排せつ物・血液など）の安全な処理のしかたを、しっかり覚えておきましょう（P.52～53参照）。

まちがった処理をすると、感染拡大の原因にもなります。

■給食室の衛生管理は？

学校給食衛生管理基準に基づいて衛生管理を徹底し、安心安全を心がけましょう。

調理師さんや栄養士さんともコミュニケーションを図り、共通理解しておきましょう。

■感染者は食べ物に触らない！

食中毒などの感染予防のため、おう吐・下痢の症状、または化膿傷や感冒症状がある職員は、食べ物を触らないように徹底しておきましょう。

〈監修者〉

鈴木　洋（すずき　よう）

鈴木こどもクリニック院長

鈴木　みゆき（すずき　みゆき）

和洋女子大学人文学群
心理・社会学類　人間発達学専修　こども発達支援コース　教授
「子どもの早起きをすすめる会」発起人
医学博士

〈著　者〉

永井　裕美（ながい　ひろみ）

保育士・幼稚園教諭として勤務。
『月刊 保育とカリキュラム』2009年４月号（ひかりのくに・刊）より、毎月のおたよりイラスト＆文例ページにおいて、文例・イラスト案を担当。
現在も公立幼稚園で保育に携わる。
２児の母でもある。

〈参　考〉

『保育所における感染症対策ガイドライン』（厚生労働省ホームページより）
『学校保健安全法』（文部科学省ホームページより）
国立感染症研究所　感染症情報センターホームページ
東京都健康安全研究センターホームページ

※第７・８版以降、国としての見解により、P.46、49・50、108、110〜111、112、114、148〜149、151、154〜155は、一部改訂しています。

Staff

本文イラスト／いわいざこまゆ・いその　みつえ・森のくじら・鈴木ゆい
本文レイアウト・編集協力／永井一嘉
企画・編集／長田亜里沙・安藤憲志
校正／堀田浩之

ハッピー保育books⑥

0〜5歳児担任必携本!!

ケガ＆病気の予防・救急マニュアル

2010年３月　初版発行
2022年２月　第13版発行

監修者　鈴木　洋・鈴木みゆき
著　者　永井　裕美
発行人　岡本　功
発行所　ひかりのくに株式会社

〒543-0001　大阪市天王寺区上本町3-2-14　郵便振替00920-2-118855　TEL.06-6768-1155
〒175-0082　東京都板橋区高島平6-1-1　郵便振替00150-0-30666　TEL.03-3979-3112
ホームページアドレス　https://www.hikarinokuni.co.jp

製版所　近土写真製版株式会社
印刷所　熨斗秀興堂

Printed in Japan
ISBN978-4-564-60754-7
NDC376　160P 18×13㎝